INOVAR
É ASSUMIR
UM COMPROMISSO
ÉTICO COM
A EDUCAÇÃO

Dados Internacionais de Catalogação na Publicação (CIP)
(Câmara Brasileira do Livro, SP, Brasil)

Pacheco, José
    Inovar é assumir um compromisso ético com a educação / José Pacheco. – Petrópolis, RJ : Vozes, 2019.

Bibliografia.

2ª reimpressão, 2020.

ISBN 978-85-326-6097-8

1. Aprendizagem 2. Educação 3. Ética 4. Inovações educacionais I. Título.

19-25016   CDD-371.3

Índices para catálogo sistemático:
1. Inovações educacionais : Educação   371.3

Cibele Maria Dias – Bibliotecária – CRB-8/9427

JOSÉ PACHECO

INOVAR
É ASSUMIR
UM COMPROMISSO
ÉTICO COM
A EDUCAÇÃO

Petrópolis

© 2019, Editora Vozes Ltda.
Rua Frei Luís, 100
25689-900 Petrópolis, RJ
www.vozes.com.br
Brasil

Todos os direitos reservados. Nenhuma parte desta obra poderá ser reproduzida ou transmitida por qualquer forma e/ou quaisquer meios (eletrônico ou mecânico, incluindo fotocópia e gravação) ou arquivada em qualquer sistema ou banco de dados sem permissão escrita da editora.

CONSELHO EDITORIAL

Diretor
Gilberto Gonçalves Garcia

Editores
Aline dos Santos Carneiro
Edrian Josué Pasini
Marilac Loraine Oleniki
Welder Lancieri Marchini

Conselheiros
Francisco Morás
Ludovico Garmus
Teobaldo Heidemann
Volney J. Berkenbrock

Secretário executivo
João Batista Kreuch

Editoração: Maria da Conceição B. de Sousa
Diagramação: Sheilandre Desenv. Gráfico
Revisão gráfica: Nilton Braz da Rocha
Capa: Rafael Nicolaevsky

ISBN 978-85-326-6097-8

Editado conforme o novo acordo ortográfico.

Este livro foi composto e impresso pela Editora Vozes Ltda.

Para o meu filho (e professor) André.

Para o meu amigo (e mestre) Pedro Demo.

Para todos os educadores que ainda não desistiram de assumir um compromisso ético com a educação.

Sumário

À guisa de apresentação, 9

Transição ou ruptura paradigmática?, 13

Transição paradigmática, 17

Ponto de situação, 23

Inovar é assumir um compromisso ético, 33

Inovação educacional, 45

Quando falamos em inovação educacional, o que queremos dizer?, 49

"Inferno astral", 57

Escolas: espaços de construção de inovação, 61

Como reconhecer uma inovação educacional?, 79

Pseudoinovações, 91

Inovação em sala de aula?, 107

Inovação normativa, 127

Referências, 137

Anexo – Glossário de novas construções sociais de aprendizagem, 143

À GUISA DE APRESENTAÇÃO

Há mais de cem anos Almada Negreiros escreveu: "Quando eu nasci, todos os tratados que visavam salvar o mundo já estavam escritos. Só faltava salvar o mundo". Quando me fiz professor, todos os tratados que visavam salvar a educação já estavam escritos. Só faltava salvar a educação. Há mais de um século as práticas escolares e a educação entraram em defasagem com necessidades sociais. E as escolas continuam sendo identificadas com prédios, lugares onde supostamente alguém ensina e alguém aprende, enquanto que as atuais demandas sociais pressupõem uma educação fundada num novo tipo de relação com o saber, de espaços de convivência reflexiva, de uma nova visão de mundo.

Por que escrever mais um livro? Decidi fazê-lo porque ainda há quem creia que, dando aula, se ensina. Porque ainda há quem enfeite as escolas com computadores e outros paliativos que visam ocultar os nefastos efeitos de um obsoleto modelo educacional, impedindo a emergência de uma nova construção social de aprendizagem. Porque a mercantilização de um direito humano (o direito à educação) cresce exponencialmente, a par do criminoso sucateamento da escola pública. Porque, desde o professor ao ministro, por ignorância ou perfídia – aqueles a quem competiria criar condições de garantir a todos esse inalienável direito –, há recusa em assumir um compromisso ético com a educação. Porque, no aventureirismo pedagógico das pseudoinovações, hipotecamos destinos. Porque, entre a propaganda enganosa de sistemas de ensino e "cursinhos", pessoas são transformadas em bonsais humanos. Porque ainda há quem creia que inovação consiste em fazer efêmeras hortas em "escolas tradicionais", ou fomentar o egoísmo de juvenis "protagonismos" em escolas "alternativas". Falemos, pois, de inovação.

Aprendizes de feiticeiro – gurus do digital, empresários e outros debutantes da educação – apropriaram-se do termo e o deturparam. Adulterado o conceito, converteram-no em *slogan* para fins mercantis, "curandeirismo, espécie de magia branca, capaz de impressionar as massas", nas palavras de Lauro Lima, que profetizou um tempo em que abundam as caricaturas de inovação e escasseiam as inovações. Acrescenta o insigne mestre que "a escola se formalizou através dos tempos, artificializando-se, até chegar a ser um mostrengo repulsivo para a juventude, caixotes de alvenaria em que são encerradas crianças, como sardinha em lata".

Escrevo, também, porque acredito nos professores. Sei que, para além de serem competentes, querem ser éticos. Como diria Sartre, não somos responsáveis por aquilo que fizeram de nós, mas seremos responsáveis por aquilo que fizermos com aquilo que fizeram de nós. Se vivemos tempos conturbados, numa "selva humana" da competição de todos contra todos, sejamos esperançosos, inovemos.

Após ter participado em projetos considerados inovadores, tento ajudar a criar novas construções sociais de aprendizagem. Ao longo de meio século de tentativas de mudança educacional – quase todas frustradas – fui colhendo ensinamentos, que partilho com o eventual leitor. Retomo caminhos de uma práxis reconstrutora, com o único intuito de avisar os arautos de auspiciosos projetos e precaver aqueles que em prodigiosos projetos se iniciam. Num tempo de pós-verdade, em que o medo e a ignorância imperam, mais se faz sentir a necessidade de inovar, de refundar a educação.

Li muitas teses sobre inovação, pérolas de erudição, de sofisticação teórica, aprovadas por bancas constituídas por quem nunca inovou, legitimadas por instituições que raramente inovaram. Por isso, peço ao eventual leitor que analise criticamente este livro. Ele pouco, ou mesmo nada, acrescentará à produção científica disponível, que repousa nos arquivos das universidades. Pretendo apenas desocultar naturalizações, interpelar alguns mitos e crenças. Sem a habitual overdose de citações de citações, como é norma corrente e pretensa garantia de cientificidade. Tentarei libertar-me do jargão e de vícios acadêmicos, que, não raramente, ocultam ignorância do que acontece no chão das escolas. Escreverei de forma quase coloquial, em *linguagem de gente*, para que todo mundo entenda.

Sem presunção de originalidade, atrever-me-ei a sugerir propostas concretas de mudança, atos primordiais destinados àqueles que ousarem começar a criar alternativas à velha escola. Isso mesmo: sinto que estamos chegando ao fim de um tempo. O fim de um longo tempo, durante o qual se comprometeu o futuro de milhões de jovens. E com esse fim, o fim de uma certa maneira de entender e de fazer escola. Outro mundo já está sendo construído.

Transição ou ruptura paradigmática?

> *O ato ético é um ato de religação – com o outro,*
> *com os seus, com a comunidade –,*
> *e uma inserção na religação cósmica.*
> Edgar Morin

Que me seja permitido recordar o que (suponho) todo o educador já sabe. Ao longo de um século, três rupturas paradigmáticas se sucederam, em vertiginoso ritmo, sem que a universidade e as escolas disso se dessem conta.

Após décadas de adaptação, de teorias existentes a realidades que se transformaram, escutamos Thomas Kuhn, quando nos falou de um paradigma emergente. As aceleradas mudanças sociais e inovação tecnológica, face aos dados da pesquisa no campo da neurociência e da inteligência artificial, ou da sutil convergência entre a Teoria da Complexidade e a produção científica radicada no paradigma da comunicação, exigem que reconheçamos a necessidade de operar profundas e urgentes rupturas paradigmáticas, no campo da educação.

Separada da Igreja, a universidade não prescindiu de rituais, que se tornaram obsoletos, ou de reforçar títulos e promover relações hierárquicas. Perdendo o monopólio do saber, apenas mantendo o da creditação, a universidade atual – ressalvadas as exceções – desenvolve práticas de natureza meritocrática, burocrática, excludente. Com referência ao paradigma da comunicação, a produção científica nos diz que se anuncia a aprendizagem centrada na relação. Mas, alheia à dimensão científica, a universidade ainda estiola na *arte da aula*, recria rituais de difícil erradicação.

Recordo algo que qualquer manual de história ou de sociologia de educação explicará. A escola contemporânea – tal qual a conhecemos enquanto formação experiencial de alunos e professores – é herdeira de necessidades sociais do século XIX, ainda que as suas raízes vão mais fundo, adentrando os séculos anteriores.

O modelo "tradicional" de escola adotou formas e procedimentos característicos das instituições mais respeitadas na época em que foi implementado – aplicou modos de organização dos espaços e métodos utilizados em casernas, conventos e prisões. Nos primórdios da instrução pública foram construídos edifícios dotados de pátios internos, réplicas das praças de instrução militar. Os edifícios destinados à instrução dos jovens eram rodeados de muros altos. As escolas foram divididas em salas (celas de mosteiros e prisões) de janelas estreitas e abertas bem acima da estatura dos alunos. Estes eram instalados em filas, separados em grupos etários uniformes e distribuídos por graus de ensino.

Foram instituídos programas iguais para todos e criados dispositivos de controle total das escolas de todos os níveis. O toque de uma sineta passou a marcar a cadência de horários de aula iguais para todos, visando a uniformização e o conformismo consentâneos com as necessidades de uma revolução industrial emergente. Os livros delimitavam a apresentação do conteúdo, a avaliação era (e continua sendo) confundida com a aplicação periódica de provas de padrão único, visando a comparação e a competição entre alunos.

Cargos e funções diferenciadas reforçavam a hierarquização já subentendida na relação professor-aluno. A disciplinarização física e psíquica era inquestionável, as regras eram mantidas sem questionamento e eram frequentes as premiações e os castigos. A arquitetura escolar e a prática docente dessas escolas refletiam (e reproduziam) uma visão de homem e de mundo pronta e acabada.

Mas, apesar de todos os seus malefícios, não pretendamos nos desembaraçar do paradigma da instrução, "jogando fora a criança com a água do banho". Conservemos, por exemplo, o papel da repetição, do cálculo mental, do desenvolvimento da memória. Assim também, no paradigma da aprendizagem, devemos recuperar o fomento da autonomia, o protagonismo juvenil... É preciso fazer um *re-ligare* essencial, esbater os efeitos da segmentação cartesiana e articular a educação familiar com a educação escolar e social.

Edgar Morin evoca a *unidade complexa*: se a necessidade de organização tende a transformar a diversidade em unidade, não anula a diversidade. Num mundo em que imperam princípios de disjunção, de redução, de abstração – o que Morin designava de "paradigma da simplificação" –, um pensamento simplificador impede a conjunção do uno e do múltiplo, anula a diversidade. E se o paradigma funcionalista sublinha a dependência do indivíduo relativamente ao grupo, numa perspectiva de conflito, é preciso realçar a interdependência entre indivíduo e grupo, as interações no interior do grupo, bem como as transformações que impelem a novas formas de pensamento e de ação.

Será necessário associar ao conceito de pensamento divergente o de complexidade, levar em conta as complementaridades, os antagonismos, irreversíveis tensões. Essa irreversibilidade original pressupõe a tensão, o conflito que provoca evolução. Existe evolução na oposição, na complementaridade de reflexões e de ações divergentes. É dos antagonismos que emergem novas propriedades.

A relação entre a escola e a sociedade é traduzida em três campos de análise: político, organizacional e paradigmático. No campo político, são produzidas e aplicadas normas, leis e regras; em princípio, coerentes com orientações produzidas no campo paradigmático. No campo organizacional, são operadas transformações, para concretizar normatizações. E no campo paradigmático, são produzidas orientações de práticas sociais, que refletem concepções de conhecimento, do tipo de relação estabelecida entre pessoas na sociedade e com a natureza, orientações subordinadas a uma determinada matriz axiológica.

Transição paradigmática

Nos estados-nação da Prússia, da França e da Inglaterra do século XIX se gestou a escola da Modernidade. Fundada no paradigma da instrução, respondeu a necessidades sociais da época e, quase hegemônica, atravessou todo o século XX. A "escola tradicional", como é chamada, tem por referência a filosofia proposta por Comenius (século XVII), que nos diz ser possível ensinar todos como se fossem um só. E o primado da ensinagem perdura, obsoleto e funesto, em pleno século XXI.

Primeira revolução industrial	
Século XIX	
Paradigmas educacionais	Paradigma da instrução
Modalidades de formação características desse período	Curso
Práticas escolares predominantes	Aula
Modelo educacional emergente	Centrado no professor

No movimento da "escola nova", Montessori, Steiner, Decroly, Freinet e Dewey são alguns dos autores que propõem passar do magistercentrismo à centração da atividade escolar no aluno. O paradigma da aprendizagem, nas suas diferentes reinterpretações e correntes pedagógicas, é prática caraterística de escassas instituições e quase todas de iniciativa privada, ou confessional.

Mais de cem anos nos separam da concepção dessas práticas. Um novo paradigma emerge: o paradigma da comunicação. Entretanto, as escolas se mantêm alheias a ele. Na universidade, vive-se na ilusão da ensinagem, desconhecendo que não se aprende o que o outro diz, mas que se aprende o outro. Sucedem-se as teses sobre o paradigma da comunicação, frequentemente associado à Teoria da Complexidade. Paradoxalmente, os seus autores continuam dando aula, reproduzindo práticas fósseis, incompatíveis com o paradigma que teoricamente adotaram.

A quase totalidade das escolas radica as suas práticas no paradigma da instrução, no que poderemos designar de proto-história da educação. E são escassas as escolas cujas práticas oscilam entre o paradigma da instrução e o da aprendizagem, estacionadas em propostas do início do século XX, na pré-história da educação.

Segunda revolução industrial	
Século XX (a partir da década de 1980)	
Paradigmas educacionais	Paradigma da instrução, ou paradigma da instrução mesclado com o paradigma da aprendizagem
Modalidades de formação características desse período	Curso / Módulo de curso / Seminário / Treinamento / Estágio
Práticas escolares predominantes	Centradas no professor – aula / Escolanovismo em escolas particulares / Escassas práticas de escolanovismo pleno
Modelo educacional emergente	Centrado no aluno (escolanovismo)

Entre a primeira e a segunda revolução industrial, o carvão foi substituído por outra fonte de energia: a eletricidade. O telégrafo deu lugar ao telefone. A máquina a vapor foi considerada obsoleta. Mas a escola continuou tão obsoleta como antes.

Com a descoberta do computador, a segunda revolução industrial emergiu, para logo dar lugar a uma terceira, aquela que surgiu com a aparição da internet e da automação. As escolas passam a adotar a lousa digital, faz-se educação a distância, são criadas redes de ensinagem. Algumas escolas, inspiradas em Maria Montessori, em Rudolph Steiner, em John Dewey, ou outro representante da corrente escolanovista, passaram a praticar um ensino híbrido; isto é, às práticas radicadas no paradigma da instrução (com centro no professor) juntaram contribuições do paradigma da aprendizagem (o centro no aluno).

Assim entramos no século XXI: um paradigma humanista predominando nos documentos de política educativa. Porém, na escola da atualidade têm pontificado o paradigma racional, a par do tecnológico, que vem ganhando relevância, por efeito da ingenuidade pedagógica de entusiastas do uso das novas tecnologias e de um financiamento maciço de pseudoinovações.

Terceira revolução industrial / Quarta revolução industrial	
Séculos XX e XXI (a partir da década de 1990)	
Paradigmas educacionais	Paradigma da instrução, ou paradigma da instrução mesclado com o paradigma da aprendizagem e utilização da EAD / Paradigma da comunicação (emergente)
Modalidades de formação características desse período	Oficina / Círculo de estudos / Projeto Tertúlia

Práticas escolares predominantes	Centradas no professor – aula / Práticas híbridas com apoio de TIC / Projetos (raros) fundados no paradigma da comunicação
Modelo educacional emergente	Centrado na relação

Estamos em plena quarta revolução industrial. Podemos dispor de uma impressora 3D para fabricar objetos sem sair de casa. A exploração espacial conduzirá à criação de fábricas no espaço, produzindo objetos mais baratos, sob o efeito da gravidade zero. Milhares das atuais profissões desaparecerão. A energia solar descentralizada e outras energias renováveis e limpas substituirão o uso de combustíveis fósseis. A internet das coisas e sensores de controle facilitarão tarefas domésticas e a vida em comum. O Wi-Fi planetário fará do mundo uma pequena aldeia. O carro autônomo, a robótica e o desenvolvimento exponencial da inteligência artificial poderão substituir o ser humano em múltiplas situações. Por exemplo, poderão substituir o professor do dito ensino tradicional.

Vivemos num tempo de sociedade em rede. Mas a análise social mantém-se cativa de raciocínios lineares, de um raciocínio lógico, prevalecente nas teses de doutorado e nas decisões de política educacional. Até à terceira revolução industrial, dispunhamos de sequências lógicas. Hoje, temos o simultâneo, a sobreposição. Temos as redes sociais, na era da pós-verdade e, por meio delas, assitimos a um sutil processo de desumanização. Repletas de comentários abjetos, acentuam a degradação moral e ética. Nunca dispomos de tantos instrumentos de comunicação e nunca nos sentimos tão solitários.

Hoje, um dos desafios da escola é o de tentar compreender as origens e conter o suicídio infantil e juvenil. No Brasil aumentou 40% em 10 anos, tornando-se a segunda causa de morte de jovens no mundo. Em países colocados nos primeiros lugares do *ranking* do Pisa (Programa Internacional de Avaliação de Alunos), são muitos os suicídios, já a automutilação é a segunda maior busca dos jovens na internet. Adultos se encharcam de medicamentos, crianças enchem-se de Ritalina®. O humano está em crise.

Meu amigo Rui Canário costuma dizer que, quando analisamos o mundo em que vivemos, quando assistimos à degradação do ambiente natural e das relações humanas, raramente nos apercebemos de que tais fenômenos são consequências de uma determinada escolarização da sociedade e de que é necessária e urgente conceber uma nova escola para um novo mundo.

No campo da educação, as mudanças operadas no tecido social provocaram uma sutil inversão de valores, uma sutil perversão das práticas. Desde a década de 1990, nada de novo foi produzido, nenhuma inovação surgiu no domínio das ciências da educação. As escolas mantêm-se cativas de práticas sociais do século XIX, enfeitadas de computadores e "projetos". E professores que assistem a palestras proferidas por freireanos não praticantes geralmente costumam dizer: "É tudo teoria. Vê-se bem que esse palestrante nunca colocou os pés no chão de uma escola". Em parte, talvez haja alguma legitimidade no comentário. Quase sempre, os palestrantes são professores universitários; em sua maioria, formadores. Em suas salas de aula (dispositivo do paradigma da instrução) recomendam a leitura de suas teses (referenciadas ao paradigma da comunicação). Incitam os futuros professores a desenvolver a autonomia do aluno, o "protagonismo juvenil" (elementos do paradigma da aprendizagem). São inovadores não praticantes.

A adoção de um determinado paradigma educacional e consequente assunção de uma prática pedagógica não é neutra. Reflete a opção por um determinado tipo de vida em sociedade, de visão de mundo. Urge operar rupturas paradigmáticas, passar de práticas ancoradas nos paradigmas da instrução e da aprendizagem para práticas radicadas no paradigma da comunicação, no primado da dialogicidade.

A Diretoria de Assistência a Programas Especiais do MEC reconhece que "mudar o paradigma de funcionamento das escolas passou a ser a nova agenda dos sistemas educacionais [...] mudanças que estão longe de serem obtidas no curto prazo, mas é inegável que um conjunto de medidas pode e deve ser tomado para se reverter o quadro de ineficiência e de baixa qualidade do ensino". Em outras palavras, e como se refere o documento-base da *3ª Terceira Conferência Internacional sobre Educação Futura – Perspectivas Latino-Americanas*, é necessário desenvolver práticas coerentes com um novo paradigma educacional; é preciso inovar.

3ª Conferência Internacional sobre Educação Futura – Perspectivas Latino-Americanas

Visa identificar as medidas práticas para atender as necessidades educacionais nesta região do mundo.

No documento-base da conferência é dito que não só precisamos de mais educação, mas de educação que é qualitativamente diferente: um novo paradigma educacional, porque multiplicar o modelo existente não é suficiente.

Ponto de situação

> *Um excerto do estudo* Low-Performing Students, *da Ocde, diz: Não há país, ou economia, participando do Pisa 2012, que pode afirmar que todos os seus alunos de 15 anos de idade alcançaram um nível de básico de proficiência em matemática, leitura e ciência.*

No ano de 2014, dentro do projeto de criação de um sistema de informações para gestão estratégica e sustentabilidade, foi realizado um levantamento de indicadores de boa qualidade da educação em uma das 27 unidades da Federação.

O relatório de pesquisa, publicado em dezembro daquele ano, contemplou uma descrição exaustiva das mazelas que afetam o sistema educacional dessa unidade da federação, apontando diretrizes sob a forma de proposta de intervenção e testagem. Uma proposta de continuidade e validação dos dados obtidos no processo de pesquisa tinha por referência a revisão do conceito "educação de qualidade" descrito pelos indicadores propostos pelo Ministério da Educação.

Foi realizado um diagnóstico dos indicadores educacionais propostos para a educação básica: média de aluno/turma, média de horas-aula diárias, taxa de distorção idade-série, taxa de não resposta (TNR), índice de escolaridade, índice de evasão escolar, índice de analfabetismo, percentual de taxa de rendimento escolar (aprovação, evasão e desempenho dos alunos, percentual de docentes com curso superior). Também foi identificado o modo como a dinâmica do espaço construído, os recursos humanos, a proposta pedagógica e a gestão contribuem para uma educação de boa qualidade.

A estrutura física das escolas foi considerada pelos entrevistados como inadequada, em termos de dimensionamento, conforto térmico e iluminação. O projeto arquitetônico não contribui para uma boa aprendizagem, agravado pelo desconforto e inadequação dos espaços. Mesmo tendo o ambiente natural como "vizinho", as escolas não tiram partido desse potencial, ficando restrita à aprendizagem em ambientes confinados. Ações voltadas para a qualidade ambiental, como a coleta seletiva, são realizadas parcialmente. Essa ação não se integra de forma efetiva ao sistema de limpeza urbana. Já o uso racional de água se restringe a uma incipiente conscientização, não considerando a necessidade, por exemplo, da coleta de água de chuva ou seu reuso.

Por meio de entrevistas direcionadas a diretores e professores, com suporte de questionário estruturado, ficou evidenciada a impossibilidade de se promover educação integral, sendo referida a dificuldade do professor na relação interpessoal e a falta de uma formação adequada para lidar com conflitos.

As escolas não cumprem os seus projetos político-pedagógicos. A maioria dos professores reconhece que nunca os leu. Aqueles que o fizeram disseram desconhecer o teor de tais documentos, *já não se lembravam do que eles diziam.*

Relativamente à avaliação, não ficaram claros os processos utilizados e resultados que subsidiam a melhoria da qualidade da prática pedagógica. E no que se refere à avaliação de desempenho profissional, nenhum instrumento foi apresentado pelos gestores, apenas sendo relatada a obrigatoriedade de avaliação, para os professores substitutos e concursados, no período do estágio probatório. Não existe, no entanto, uma sistemática de avaliação do profissional fora desse contexto, ficando a cargo da escola a definição da forma de realizá-la, bem como a sua periodicidade.

Uma das escolas estava em processo de reformulação do seu PP-P, não tendo apresentado registro de valores, princípios e objetivos fundadores do documento. Dos PP-P das demais escolas constavam referências a valores como: autonomia, responsabilidade, justiça, fraternidade, liberdade, solidariedade, respeito, reciprocidade, ética, paz e autoestima. Porém, em nenhuma das escolas foi possível verificar a correspondência entre a matriz axiológica e as práticas.

Mais de 80% dos professores não souberam dizer qual é a matriz axiológica do projeto ou, por exemplo, o que ele propõe como critérios de avaliação. Há escolas em processo de reformulação dos seus projetos, mas os encarregados da revisão do documento não souberam dizer quais os valores, princípios ou objetivos dos seus projetos. As escolas não estão organizadas de modo a desenvolver práticas coerentes com o teor dos documentos de política educativa. Os seus projetos fazem referência a valores como: autonomia, responsabilidade, solidariedade, respeito e autoestima, mas não foram identificadas quaisquer atividades, metodologias ou dispositivos de prática desses valores. Aliás, foram observadas práticas contraditórias com a matriz axiológica dos projetos. Relativamente à avaliação do projeto não ficaram claros os processos utilizados e resultados que subsidiem a melhoria da qualidade da prática pedagógica.

Ao abordarmos a questão salarial verificamos insatisfação, sendo considerado injusto o salário, em função da qualificação superior, responsabilidade e risco. E, quando questionados sobre o custo aluno-ano da escola, verificou-se a inconsistência nas informações, por falta de dados.

Relativamente ao quadro de professores, foi questionado se o perfil profissional se alinha ao PP-P da escola. Na maioria dos casos a existência da portaria que dá direito ao profissional escolher a escola é um dificultador. Apesar de todos os contratos referirem o cumprimento de 40 horas de trabalho, o que configuraria dedicação exclusiva, em raros casos isso acontece.

A pesquisa constatou que o conceito de comunidade é difuso, assim como a capacidade de a escola realizar ações efetivas no seu entorno. Para os entrevistados, o fato de a escola acolher alunos de realidades territoriais distintas, não próximas dela, dificulta o sentido de pertencimento dos alunos ao contexto territorial e impossibilita a interação da escola com a comunidade de origem dos alunos. A grande distância entre a moradia dos alunos e a escola é considerada dificultadora de relacionamento.

A relação entre escola e comunidade, no que tange à participação da escola na transformação social e no desenvolvimento local, mostrou-se precária. E é evidente a escassa participação da família nos processos de direção e gestão. O relacionamento entre escola e os pais dos alunos é concretizado nos encontros bimestrais, podendo haver outros momentos em função da necessidade. A participação dos pais acontece, quase que exclusivamente, nas escassas reuniões formais dos conselhos de pais e mestres.

Fica evidente que a falta de autonomia financeira e administrativa, bem como a prevalência de procedimentos burocráticos, consomem tempo em demasia dos gestores, sendo um limitador do bom desempenho pedagógico. Sendo questionados sobre a possibilidade de obtenção de autonomia (art. 15º da LDB), os professores e gestores entrevistados demonstraram desconhecimento sobre o assunto. As escolas vegetam numa dependência crônica, burocratizada, democraticamente diminuída. Elas são habitadas por professores solitários que padecem de autossuficiência e, mimeticamente, tratam os alunos de modo uniforme, sem atender às necessidades individuais e à especificidade dos contextos sociais em que estão inseridos.

Nessa unidade da Federação, ao maior investimento financeiro correspondeu um Ideb mais baixo do que a média nacional. Talvez seja pertinente pensar que um maior investimento no financiamento das escolas possa não constituir-se em indicador de boa qualidade da educação. Talvez o indicador possa ser o do custo aluno-ano comparado com o índice de desenvolvimento e felicidade humana, a par do "enxugamento" de despesas-desperdício e da possibilidade de autofinanciamento.

Verificou-se que 61% dos estudantes estão abaixo do nível 2 em Matemática – patamar que a Ocde estabelece como necessário para que o estudante possa exercer plenamente sua cidadania. O nível de proficiência em Português e Matemática (percentual de alunos de 9º ano com plenas condições de compreender e se expressar) desce a níveis absurdos. Os índices de analfabetismo continuam altos. No 5º ano do Ensino Fundamental, mais de 20% dos alunos estão com mais de dois anos de defasagem em relação à idade correta. No 3º ano do Ensino Fundamental, apenas metade dos alunos alcança o aprendizado adequado em Matemática. E apenas 4,04% dos pais de alunos conhece o Ideb das escolas de seus filhos, enquanto menos de 15% das famílias conhecem o projeto político-pedagógico da escola frequentada pelos seus filhos. Muitos jovens em idade escolar não estão matriculados, por alegada "falta de vaga", e é elevado o custo aluno-ano, sem contrapartida de uma educação de boa qualidade.

Uma conclusão geral emerge do relatório: uma educação de boa qualidade é possível, numa nova identidade da escola pública, numa educação ressignificada, integradora de saberes, que contribua para manifestações de criatividade e inovação. Idêntica conclusão se extrai da pesquisa elaborada pelo Grupo de Trabalho da Inovação (MEC, 2015): uma educação de boa qualidade, que assegure excelência acadêmica e inclusão social, é possível, se redefinido o conceito de "escola", se acontecer a reconfiguração das práticas escolares no contexto de novas construções sociais de aprendizagem.

Urge rever o modelo de gestão das escolas, passando de uma tradição hierárquica e burocrática para decisões colegiadas, colaborativas, com a direção entregue à comunidade, em conformidade com o inciso VI do art. 206 da Constituição. Que não se confunda desconcentração com descentralização de poderes. As escolas deverão assumir práticas de gestão colegiada, em substituição de órgãos unipessoais e hierárquicos burocratizados. E, talvez, se devesse criar órgãos como os conselhos de direção, em cuja constituição a maioria dos membros possa representar a comunidade onde a escola esteja inserida. Também será pertinente questionar o desperdício de recursos resultante da sobreposição de sistemas (municipal, estadual, federal e privado), bem como questionar nomeações de políticos para cargos técnicos, que deverão ser ocupados por especialistas e por concurso.

Fica evidente que a falta de autonomia financeira e administrativa, bem como a prevalência de procedimentos burocráticos, consome tempo em demasia, sendo limitadora do bom desenvolvimento dos projetos. Questionados sobre a possibilidade de assunção de autonomia, todos os professores manifestaram desconhecimento da lei e procedimentos legais, que possibilitam a celebração de contratos de autonomia. Questionados os diretores sobre o custo aluno-ano das suas escolas, verificou-se inconsistência nas informações, alegadamente por falta de dados.

A promoção da *gestão democrática* não passa da intenção. Nenhuma iniciativa de conceder uma real autonomia às escolas (art. 15º da LDB) foi tomada. E predominam nas decisões de política educativa critérios de natureza burocrática, quando deveriam prevalecer critérios de natureza científica e pedagógica. O poder público não cumpre as suas propostas educacionais, a formação de professores é precária e é elevado o número de professores doentes.

As escolas brasileiras mantêm-se coniventes com o estímulo da competitividade, enquanto reificam o virtual, mitigando os prejuízos causados pela manutenção de práticas de "escola tradicional". As práticas observadas prevalecem na maioria das escolas brasileiras. A racionalidade que lhes subjaz – herança cultural das escolas da primeira revolução industrial, do século XIX – conduziram a educação a uma situação insustentável. E os indicadores quantitativos referentes ao Estado onde a pesquisa foi desenvolvida são semelhantes aos que caracterizam a educação escolar do restante do país – refletem desperdício.

Políticas e programas educacionais vêm sendo implementados com o propósito de concretizar uma educação de boa qualidade, voltada ao desenvolvimento integral dos estudantes. No entanto, observa-se que as metas estabelecidas não estão sendo alcançadas. Recursos tecnológicos são disponibilizados a educadores e educandos, mas as práticas pedagógicas refletem uma educação conteudista, desconsiderando a mediação entre ambos como fator relevante. Necessário será perceber a complexidade dos processos de transformação; reconhecer, por exemplo, a importância da participação da família e da comunidade nesses processos. Necessário será reconfigurar currículos, produção de conhecimento participada, no contexto de novas construções sociais de aprendizagem.

Com o advento da escola de massas, a necessidade de atender mais crianças, para que os pais pudessem trabalhar, aumentou o tempo de permanência do aluno no edifício-escola. Talvez por essa razão esteja na agenda de governantes o debate sobre a importância de uma escola em tempo integral, tema recorrente na história da educação brasileira, que, nos seus primórdios, assegurava o funcionamento das escolas nove horas por dia, dividido em turnos: antes e após o almoço. Porém, mais tempo passado dentro de um edifício, a que chamam escola, não corresponde a mais educação nem a sua melhor qualidade. Lacunas de aprendizagem não se corrigem com mais tempo dispendido num mesmo modo de ensinar.

Assistimos a uma sutil marginalização do desenvolvimento global e das aprendizagens transversais. Transitórias medidas de compensação, que incorrem no equívoco de confundir "educação" com "assistencialismo", perpetuam-se na educação brasileira, sem que se avistem melhorias no sistema de ensino. É evidente a necessidade de um universal atendimento em "tempo integral". Porém, de modo integrado, sem separação do tempo de aprender em turno e contraturno, numa escola em tempo integral, que propicie formação holística, no respeito pelo tempo (ritmo) de aprendizagem de cada indivíduo.

Em entrevista recente, um eminente filósofo e educador sentenciou: "A escola precisa distinguir o que vem do passado e deve ser protegido daquilo que precisa ser deixado para trás porque é arcaico". Quem escuta o sábio? Quem deixa para trás aquilo que é arcaico? As medidas de política educativa – reformas, programas, projetos, assessorias, pactos... – não nos emancipam da velha escola, naturalizam o insucesso, não abdicam o que é arcaico, não têm logrado alcançar a melhoria da qualidade na educação. Confesso a minha perplexidade perante tentativas de melhorar o que já não pode ser melhorado. E a saga continua: um sistema dominado pela burocracia sempre liquidou movimentos renovadores. Ao longo do século XX falharam nobres tentativas de mudança. E qual será a quota de responsabilidade da instituição escola?

Em pleno século XXI, apesar de travestida de digital, a velha escola não recria processos. Uma educação que contempla a multidimensionalidade do ser humano não admite segmentações cartesianas, requer participação ecológica, em equipe interdisciplinar, de múltiplos agentes educativos locais. Dispensa intervenções supletivas ou medidas de pedagogia compensatória. E deverá ser avaliada por referência a uma política de direitos humanos, que a todos garanta oportunidades educacionais e de realização pessoal.

As organizações escolares regem-se por um modelo educacional que lhes é imposto, decorrente de um quadro normativo fundado no paradigma da instrução. As escolas não cumprem os seus projetos político-pedagógicos. Aliás, de político, esses documentos pouco ou nada têm; na elaboração do documento a *polis* nunca é escutada em seus anseios e necessidades. E de pedagógico, apenas um arrazoado de citações avulsas, copiadas de compêndio de pedagogia qualquer. Também de nada valeria que os projetos político-pedagógicos efetivamente o fossem, dado que os professores não os leem... E, na maioria das escolas, a prática é a negação do projeto escrito. Também por esse motivo, o direito à educação, consagrado na Constituição e inscrito na LDB, é um direito negado a muitos cidadãos.

Urge conceber uma nova construção social, que a todos assegure desenvolvimento socioambiental sustentável. Para tal, talvez tenhamos de construir indicadores de boa qualidade da educação e tomar alguns objetivos como prioritários na definição de diretrizes de política pública, nomeadamente:

- Adequar o quadro normativo dos órgãos descentrados do ministério ao teor da Constituição e da LDB, adaptando-o a necessidades sociais contemporâneas e à produção científica no campo das ciências da educação.
- Adequar a formação inicial e continuada de professores a necessidades sociais contemporâneas e ao exercício da profissão em núcleos de projeto de protótipos de comunidade de aprendizagem.
- Realizar a reconfiguração de práticas escolares através do desenvolvimento de novas competências profissionais, bem como criar condições de reelaboração da cultura pessoal e profissional. Basta que professores competentes decidam ser éticos. Isto é, que decidam criar condições de a todos garantir o direito à educação.

Corolário de quatro anos de encontros e desencontros, uma mensagem recebida dizia:

> *Quero compartilhar com vocês o que aconteceu em nossa escola essa semana. Nós compartilhamos nossas dificuldades e até nossas frustrações desta escola, que não produzem resultados eficazes. Pois bem, durante todo o segundo semestre compartilhamos o desejo de mudança, uns colegas com mais intensidade e outros ainda com resistência para a mudança. Essa semana construímos um roteiro de estudo possível para o início do próximo ano. Foi uma experiência emocionante e*

pela primeira vez realmente produzimos e fomos protagonistas. Imagina: somos professores e não nos dávamos conta de que não somos protagonistas, que absurdo!

E, hoje, no último dia de trabalho, ficamos na escola até as 13h para decidirmos se iremos mudar e ser felizes ou se vamos continuar aprisionados nesse modelo de educação. Depois de desabafos e muita emoção, decidimos ser a partir do próximo ano uma escola de verdade, e não apenas um prédio, porque escola são pessoas. Certo?

Tomada a decisão de mudar, a multirreferencialidade teórica dos processos de transformação poderá ser tecida na convergência de múltiplas propostas. No cerne da fundamentação da prática pedagógica estarão aqueles que, no decurso do século XX, apontaram caminhos de mudança, para o desenvolvimento de novas práticas, na consideração da escola enquanto nodo de uma rede de aprendizagem colaborativa, em processo de transição paradigmática.

Escutemos o mestre Morin, que nos fala da necessidade de uma metamorfose, de uma reforma moral, lograda através de profundas mudanças no modo de educar e numa economia ecológica e solidária. E adotemos o princípio kantiano, que nos diz que o objetivo principal da educação é o de *desenvolver em cada indivíduo toda a perfeição de que ele seja capaz.*

A Declaração Universal para a Responsabilidade Humana nos diz que a humanidade, em toda a sua diversidade, pertence ao mundo vivo e participa de sua evolução, que os seus destinos são inseparáveis. Propõe princípios gerais que podem servir de base para um novo pacto social. Talvez por isso, Agostinho da Silva nos diz: "o que importa não é educar, mas evitar que os seres humanos se deseduquem". E educar de modo que todos vejam garantido o seu direito à educação, algo que o modelo educacional dito "tradicional" não assegura. Urge, por isso, inovar, refundar a escola, assumir um compromisso ético com a educação.

Inovar é assumir um compromisso ético

Tudo está fluindo, o homem está em permanente reconstrução, e por isso é livre. Liberdade é direito de transformar-se.
Lauro de Oliveira Lima

Na Escola da Ponte, há mais de quarenta anos "dávamos boas aulas", bem planejadas, bem apoiadas em materiais, e não conseguíamos perceber por que razão havia alunos que não aprendiam. Mas compreendíamos que precisávamos mais de interrogações do que de certezas.

Ao que parece, ainda há quem padeça de uma estranha normose e não compreenda que precisa fazer perguntas: Por que há aula, turma, série/ano de escolaridade, intervalo, 200 dias letivos, ano letivo...? Eis o que aconteceu no decurso de um seminário:

Deparei-me com um grupo de professores cheios de certezas. Perguntaram-me por que razão, estando eu aposentado, vivo envolvido em múltiplos projetos. Respondi que somos seres incompletos, cativos da freireana incompletude. Quiseram saber qual o projeto em que atualmente eu estava envolvido. Disse-lhes que estava empenhado em ajudar a criar uma rede de comunidades de aprendizagem. Insistiram:

– E quando conseguir concretizar esse projeto, para definitivamente?

Disse-lhes que jamais pararia.

– *E o que vai fazer?*
– *Espero entrar em mais algum projeto.*
– *Qual?*
– *Talvez um projeto que vise ir além, pois deverá haver algo melhor do que comunidades de aprendizagem...*

Pelas expressões faciais, como reação à minha resposta, creio que não a entenderam.

Reflitamos sobre o que nos dizem dois insignes educadores do nosso tempo.

Pedro Demo nos diz que "não só vamos desaprendendo, como vamos caindo para cifras dantescas de desempenho adequado. Os estudantes perdem seu tempo na escola".

Já o amigo Sérgio Niza nos diz: "é por preguiça mental e medo que os governantes impedem novas formas de encarar a escola, uma escola empobrecida pela tentação de satisfazer a eficácia da sociedade de mercado". E, na diáspora, que me levou novamente a Viena, recupero memórias de há duas ou três décadas:

> O vetusto edifício havia resistido às crises do Império, aos bombardeamentos da Segunda Guerra e à especulação imobiliária. As suas imponentes colunas erguiam-se acima das copas de árvores centenárias. O seu harmonioso enquadramento na verdura do parque transportava o visitante à Viena de Mahler e Strauss. No átrio, três enormes telas chamaram minha atenção. Do lado esquerdo, a figura austera do Imperador Francisco José. Na tela da direita, a delicada fragilidade da imperatriz. Entre ambos, um quadro que refletia um desgaste de séculos.
>
> A luz do sol, ainda que filtrada, esbatera os tons vivos, restando a pálida dignidade da figura: um homem de ar grave e dócil postura. Quem seria? Que feitos lhe granjearam a honra de estar ladeado de imperadores? Talvez um relevante político austríaco do século XVIII ou XIX, talvez um no-

meado pedagogo austríaco (dado que o edifício albergava uma famosa escola).

Aproximei-me, coloquei-me em posição de leitura da inscrição em letras góticas douradas. E ali estava um nome quebrado pelas fendas que o tempo imprimiu no verniz: *Jacob Rodrigues Pereira*.

Senti que um insuspeito patriotismo se apossava de mim. Ao meu lado, professores de outros países liam a esbatida inscrição do quadro e interrogavam-se sobre quem seria aquele personagem. Antes que o cicerone se adiantasse, eu respondi – confesso que com uma pontinha de orgulho – tratar-se de um pedagogo português, que viveu no século XVIII e que dedicou a sua vida à investigação e educação de crianças surdas-mudas.

Para alguns visitantes, tão ávidos de informação como reverentes perante o relevo concedido pela instituição ao dito pedagogo, acrescentei – em inglês e em francês, como mandava a circunstância – mais algumas curiosidades. Que, perante os prodígios operados por Jacob Rodrigues Pereira, o Rei Luís XV lhe concedera uma pensão avultada, que uma academia francesa se rendera aos seus méritos, que fora repetidamente elogiado por sábios como Buffon, que o pedagogo português – e eu sublinhava a palavra "português" – publicara, em 1762, o estudo *Observations sur les sourds-muets*, que... Entretanto, o cicerone referia estar Jacob Rodrigues Pereira sepultado no cemitério hebraico de Villette, em Paris. E algo se partiu cá dentro.

Talvez inconscientemente eu ocultara a dura realidade da diáspora judaica. Jacob Pereira, português, natural de Peniche, fora forçado a fugir de Portugal para escapar às garras da Santa Inquisição. E apercebi-me de que esta explicação estava sendo dada em alemão (língua que, por mais que tente, não entendo), pelos olhares indignados que sobre mim pousavam. Calei-me. Senti-me penitente de pecados que não cometi e herdeiro de ignomínias. Caía inteiro sobre mim o peso do opróbrio, uma maldição que sucessivas gerações não apagaram.

Efetivamente, Portugal foi berço de gênios que não mereceu, desde os filósofos judeus que se refugiaram nos Países Baixos até os que, não sendo judeus, foram eles próprios, e pagaram pela ousadia.

Outra dura realidade emergiu do desencanto. Ali estava eu, português, professor, a reivindicar glórias pátrias. Mas, a mais de dois mil quilômetros de distância, quantos portugueses, quantos professores conheceriam sequer o nome e a obra de tão insigne pedagogo?

Há mais de duzentos anos, Jacob Rodrigues Pereira disse o que Piaget haveria de repetir muito mais tarde: que a inteligência (também) passa pelos sentidos. Sem retirar importância à obra de Piaget – em pormenor abordada em compêndios e sebentas – alguém saberá explicar por que razão Portugal e Brasil ignoram o que é seu e padecem da "síndrome do vira-lata"? Até quando se ocultarão, por trás de uma proverbial colonização anglo-saxônica, os prodígios de uma educação inovadora, tecida no extremo ocidental da Europa e renovada em terras brasileiras? Por que razão professores brasileiros vão em excursão ao Hemisfério Norte, se o futuro da educação está no Hemisfério Sul?

Segundo a Ocde, "a inovação está relacionada à adoção de novos serviços, tecnologias, processos, competências por instituições de ensino que levem à melhora de aprendizagem, equidade e eficiência". Mas, insiste-se no equívoco de ser possível inovar em sala de aula. O relatório Measuring Innovation in Education 2019 informa terem os pesquisadores da Ocde examinado 139 práticas de Ensino Fundamental e Médio de inovação *em sala de aula*.

Como antes referi, na Ponte de há mais de quarenta anos "dávamos boas aulas", bem planejadas, bem apoiadas em materiais, e não conseguíamos perceber por que razão havia alunos que não aprendiam. Até o dia em que, por mera intuição e reflexão, encontramos a primeira resposta: Se nós dávamos aula e os alunos não aprendiam, eles não aprendiam porque nós "dávamos aula".

Porque só sabíamos "dar aula" e porque os alunos não são cobaias de laboratório e merecem respeito, introduzimos a primeira das modificações na organização do trabalho escolar: das 25h letivas semanais subtraímos 1h, durante a qual não "dávamos aula". Partíamos das nossas dificuldades de ensinagem e descobrimos que há mais "dificuldades de aprendizagem" nos professores do que nos alunos.

Há meia dúzia de anos fui até aos Estados Unidos visitar escolas de "dar aula", onde a produção em série de monstrinhos de tela é confundida com inovação. Na primeira escola visitada, uma professora mostrava como se faz inovação com recurso a novas tecnologias, *numa aula*. Mesmo consciente dessa impossibilidade, por respeito à professora, dado que ela tinha franqueado a sua sala a visitantes, por ali fiquei, discreto e atento. A professora começou por apresentar um conteúdo de matemática e ordenou aos alunos que pegassem os seus laptops e acessassem um material por ela previamente preparado, acrescentando que, em caso de dificuldade, eles deveriam recorrer a determinado dispositivo.

Enquanto os alunos copiavam e consumiam currículo, a simpática professora se dirigiu aos visitantes, explicando o dito dispositivo. Referiu tê-lo inventado no ano anterior, mostrando-o num PowerPoint bem-confeccionado. O dispositivo era constituído de duas colunas: *I Need Help / I Can Help*. Traduzindo: Preciso de ajuda / Posso ajudar. Orgulhosa e elogiada pelos visitantes, aquela professora ignorava que aquele dispositivo havia sido "inventado" quarenta anos antes na Escola da Ponte.

Visitei várias escolas, e em todas, o mesmo cenário: "computadores a granel", consumo acéfalo de currículo, games (em escolas que viraram cassinos), aulas invertidas e desinvertidas... aparências de inovação. Também visitei um colégio, na Colômbia, instituição que havia clonado "inovações" do mesmo tipo. E assim foram encerradas as minhas visitas a pseudoinovações.

Empresas e outras agências de financiamento, seduzidas pelas pseudoinovações, importam-nas, trazem os seus "inventores" ao Brasil, criam sites de divulgação, oferecem cursos e organizam excursões de professores ao Hemisfério Norte, num lamentável desperdício de recursos.

É no Sul que a gênese de uma nova educação acontece, talvez cumprindo profecias de Dom Bosco e do mestre Agostinho. Um artigo de Agostinho, publicado ainda no tempo em que foi professor da Universidade de Brasília, dizia:

> *Portugal desembarcou na África, na Ásia e na América; só falta a Portugal desembarcar em... Portugal.*

Proféticas palavras. Depois de ter-me emancipado de um soberbo etnocentrismo europeu, percebi que esse "desembarque" irá acontecer através de uma nova educação, que está nascendo no Hemisfério Sul. E lamento que os educadores brasileiros continuem padecendo da "síndrome do vira-lata", indo procurar no Hemisfério Norte modismos pedagógicos e os adotam, quando têm aqui muitas "finlândias" ignoradas.

Está nascendo na América do Sul uma nova educação, aquela que muitos visionários anunciaram há mais de um século. Acompanho uma revolução silenciosa, transformações que já não poderão ser silenciadas. Convertido ao sul, busco fazer a minha parte. E, numa viagem ao norte, expus essa intenção a europeus e norte-americanos. Etnocentricamente convencidos de que é no norte que mora a novidade, desdenharam.

A partir de 2001, para além de satisfazer a curiosidade dos professores brasileiros e o interesse manifestado pela academia, dado o exotismo do projeto "Fazer a Ponte", visitei o Brasil, realizando palestras e cursos, desfrutando da oportunidade de acesso à espantosa obra do mestre Agostinho da Silva em terras do Sul. Esse saudoso mestre foi o meu ícone de passagem para Lauro de Oliveira Lima, Anísio Teixeira, Florestan Fernandes, Darcy Ribeiro e outros ilustres educadores brasileiros. À semelhança de Freire, esses e outros mestres mostraram-me caminhos de transição para um terceiro paradigma, o da comunicação. Com eles, aprendi que aprendemos uns com os outros, mediatizados pelo mundo, que a aprendizagem não está centrada no professor nem no aluno, que aprendemos na intersubjetividade.

Pretendo partilhar essa "descoberta", em linguagem de gente, para que todos os eventuais leitores entendam. E peço que o leitor me perdoe a tentação de pontualmente redigir no jargão dito científico. Decorridos mais de quarenta anos sobre o início de um projeto, que colocou Portugal no *mapa-múndi* da boa educação, volto a ter esperança. Aprendi que escolas são pessoas, e não edifícios. Que as pessoas são os seus valores e que esses valores, transformados em princípios de ação, dão origem a projetos. Então, comecemos pelo princípio...

Na Escola da Ponte de 1976 chamaram-nos de loucos e usaram outros epítetos que, por pudor, não irei reproduzir. Quando fizemos as primeiras intervenções públicas, mais do que dizerem que o projeto era um arroubo de jovem professor, diziam-me que, quando eu fosse mais velho, iria ganhar juízo...

No início do projeto, compreendendo o medo e respeitando a atitude conservadora daqueles professores que não queriam mudar, recomeçamos a partir do que éramos, com o pouco que sabíamos, valendo-nos da intuição e da amorosidade que nos moviam. Inicialmente, os alunos reagiram mal, porque era mais cômodo ouvir aula do que fazer pesquisa, desenvolver projetos. Depois foram os professores de outras escolas que começaram a criar dificuldades.

Os pais dos alunos manifestavam dúvidas e receios, apenas desfeitos quando os seus filhos obtiveram bons resultados em provas nacionais. Os pais são pessoas inteligentes e amam os filhos; os professores são pessoas inteligentes e amam os alunos – estávamos do mesmo lado. Explicamos aos pais, numa linguagem que eles entenderam, que aula não tem de existir e que uma prova pouco ou mesmo nada prova. Os pais tinham direito à dúvida. Queriam para os filhos a escola que foi sua. Mas, esclarecidos, adotaram e defenderam o projeto.

A Escola da Ponte não tem diretor. É dirigida pelos pais, pela comunidade. Se quem entende de pedagogia é o professor e se uma escola deve ser gerida pela pedagogia, quem deve administrá-la é a comunidade. Recontextualizamos a escola no seu contexto social. No edifício-escola, mas também nas praças, nas empresas, nas igrejas, nas bibliotecas públicas, nos centros culturais. Passamos a desenvolver duas vias complementares de um mesmo projeto: um currículo subjetivo, a partir de potenciais talentos; e um currículo de comunidade, a partir de necessidades e desejos da *polis*. Mas, ainda havia interfaces entre a escola-edifício e a sociedade do entorno.

Creio que ainda não é consensual, mas é incontornável: a Ponte provou a possibilidade de uma escola onde todos aprendem e são felizes. Operou uma ruptura total com o velho e obsoleto modelo educacional que, infelizmente, ainda prospera na maioria das escolas. Garantiu o direito à educação, que a maioria das escolas recusa. E numa escola da rede pública!

Os efeitos do projeto, que os relatórios de avaliação externa elaborados por equipes nomeadas pelo Ministério da Educação atestam, são bem mais benignos do que os obtidos por escolas ditas "normais". Uma avaliação isenta assinala a boa qualidade das aprendizagens realizadas pelos alunos. Diz-nos o último dos relatórios de avaliação que, quando transitam para outras escolas, os alunos da Ponte alcançam melhores notas do que os alunos oriundos de escolas ditas "tradicionais". E, se no domínio cognitivo isso acontece, muito mais significativos são os níveis de desenvolvimento sociomoral.

É grande a preocupação com a vertente afetiva, emocional e ética. E o desenvolvimento estético caminha lado a lado com o desenvolvimento cognitivo, mutuamente influenciados. Na Ponte, não se fragmenta saberes, e os seus alunos são pessoas socialmente integradas e realizadas. Ficou provado ser possível outra educação, aliando excelência acadêmica à inclusão social. Porém, à semelhança das escolas finlandesas, ou norte-coreanas, que têm sido referência de "inovação", a Escola da Ponte ainda está muito "atrasada", por ter sido separada do contexto social que lhe deu origem.

A nossa decisão de mudar foi de origem ética. Entre os alunos que outras escolas rejeitavam e nós acolhíamos, encontramos jovens analfabetos, que tinham sido ensinados do modo que antes se ensinava. *Mutatis mutandis*, se continuássemos a trabalhar do modo como, até então, os seus professores (os não) haviam "ensinado a ler", aqueles jovens continuariam analfabetos.

Também tomamos consciência de que, ensinando no "ritmo da aula", desrespeitávamos o ritmo de aprendizagem de cada aluno, que desprezávamos o repertório linguístico de cada jovem, que ensinávamos todos do mesmo modo, sem entender que cada aluno aprende a seu modo, que o "fônico" não era a única metodologia da alfabetização disponível. Compreendemos que, se insistíssemos no velho modelo de ensinagem, não conseguiríamos ensiná-los.

Na época, nem da existência de um Piaget tínhamos conhecimento. Agimos por intuição pedagógica, movidos pelo amor que tínhamos (como qualquer professor tem) pelos alunos. Nos idos de 1970, através de uma prática radicada no personalismo de Mounier, no ensino individualizado de Dottrens e nos dispositivos pedagógicos legados por Freinet (classe cooperativa, correspondência escolar, imprensa escolar, assembleia, arquivos autocorretivos), deixamos para trás o modelo instrucionista da primeira revolução industrial.

A saga pedagógica desembocou na utilização de computadores, já no início da década seguinte. Através da introdução das novas tecnologias, intensificávamos a pesquisa, sem desumanizar o ato de aprender. Alteramos o modelo de gestão, não educando para a cidadania, mas no exercício da cidadania. Criamos uma equipe de educação especial, na intenção de assegurar uma efetiva educação inclusiva. Dispensamos inúteis provas e optamos por uma avaliação formativa, contínua e sistemática, com o recurso à elaboração de portfólios de avaliação. Abrimos caminhos para uma educação integral, aquela que contempla o domínio intelectual, mas também o afetivo, o emocional, o ético, o estético.

Na transição entre o paradigma instrucionista e o paradigma da aprendizagem, introduzimos ecléticas práticas herdadas de Cousinet, Decroly, Férrière, Dewey, Kilpatrick, Montessori, Steiner. Recorremos às taxonomias de Bloom, à pedagogia por objetivos, à metodologia de trabalho de projeto, a tudo o que supostamente pudesse garantir a todos o direito à educação.

Chegara o tempo da psicologização da escola. Universitários recuperavam um Vygotsky requentado e um Piaget readaptado, para chegar a um Bruner dos princípios gerais da aprendizagem. Por outro lado, a Carta de Barcelona, o Manifesto da Transdisciplinaridade e os trabalhos de Bourdieu, Freire e Giroux levaram-nos a operar nova ruptura paradigmática, a erradicar sutis processos de reprodução escolar e social.

Uma doutoranda, que desenvolveu a sua pesquisa na Ponte, se surpreendeu que nossas práticas conciliam dispositivos considerados herdeiros do neobehaviorismo com outros de influência construtivista. E, tal como nós, confessou grande admiração por Illich. Também poderíamos acrescentar Feyerabend e outros autores essenciais para ajudar os professores a perceberem a que senhor a escola está servindo.

Ao longo dos últimos quarenta anos fomos desmontando o discurso politicamente correto de política educativa. Por debaixo do verniz da retórica, tentamos decifrar mecanismos difusos. Apercebemo-nos de que a dita "inovação" já fora objeto de milhares de dissertações, teses e outros inertes produtos do pensamento humano. Que, paralelamente à pobreza de desajustadas práticas, o discurso pedagógico havia incorporado termos como criatividade e inovação. Mas que, sob o manto diáfano da fantasia, prevalecia a nudez crua da verdade. Questionamos imposições provindas do centro do sistema, contrapondo teorias e práticas emancipatórias. E fomos punidos... Dado que estamos num momento de análise teórica, admitirei que Henry Giroux (Teoria Crítica e resistência em educação) nos ajudou imensamente. Nunca estivemos sozinhos e saímos de situações difíceis ainda mais resilientes.

Durante mais de quarenta anos perseguimos aquilo que parecia ser uma quimera. Com intuição pedagógica, amor pela infância e ciência prudente, à custa de muitos erros e fracassos, lançamos (sem que disso tivéssemos consciência) os fundamentos de uma nova construção social de educação, talvez um esboço de comunidade de aprendizagem. Se já não praticávamos ensinagem centrada no professor, também já havíamos compreendido as armadilhas do paradigma da aprendizagem. Anunciava-se a aprendizagem centrada na relação. Já aprendíamos na intersubjetividade, mediatizados pelo objeto de estudo e pelo mundo, a partir de necessidades pessoais e sociais, desenvolvendo vínculos.

Decorridas mais de quatro décadas, tornou-se inadiável a criação de condições de melhoria da qualidade da educação, da sustentabilidade socioambiental, da promoção da gestão democrática e da cidadania. Tudo isso assegurado pela ênfase nos valores morais e éticos em que se fundamenta a sociedade, nos termos da

Constituição da República e da LDB, tendo por referência a consecução de projetos político-pedagógicos que, efetivamente, a todos asseguram o direito à educação.

Inovação educacional

> *As qualidades ou virtudes são construídas por nós no esforço que nos impomos para diminuir a distância entre o que dizemos e o que fazemos. Este esforço, o de diminuir a distância entre o discurso e a prática, já é uma dessas virtudes indispensáveis, a da coerência. Como, na verdade, posso continuar falando no respeito à dignidade do educando se o ironizo, se o discrimino, se o inibo com a minha arrogância. Como posso continuar falando em meu respeito ao educando se o testemunho que a ele dou é o da irresponsabilidade, o de quem não cumpre o seu dever, o de quem não se prepara ou se organiza para a sua prática, o de quem não luta por seus direitos e não protesta contra as injustiças?*
> *A prática docente, especificamente humana, é profundamente formadora; por isso, ética. Se não se pode esperar de seus agentes que sejam santos ou anjos, pode-se e deve-se exigir deles seriedade e retidão.*
> Paulo Freire

No campo da educação, um projeto inovador é sempre um ato coletivo, pelo que peço que me seja perdoado ousar redigir um breve esboço autobiográfico, escrever na primeira pessoa, para exemplificar...

Nos idos de 1970, eu estava quase desistindo de ser professor. Sentia que, "dando aula", eu estava excluindo gente. Percebi que não devia continuar dando aula, mas eu não sabia fazer mais nada! Só sabia dar aula. A Escola da Ponte surgiu, talvez não por acaso, para me dar uma última oportunidade. Era uma escola como qualquer outra, uma escola pública degradada. Ali, encontrei duas pessoas que faziam as mesmas perguntas que eu fazia: *Por que dou aula tão bem-dada e há alunos que não aprendem?*

Nesse encontro aconteceu algo inusitado. Como quaisquer professores, éramos profissionais competentes. Porém, se o modo como a escola funcionava negava a muitos seres humanos o direito à educação, essa instituição não poderia continuar a ser gerida desse modo.

Ao longo de mais de três décadas recebemos alunos expulsos de outras escolas, alunos chamados "deficientes". Acolhíamos jovens evadidos de outras escolas, enfim! Quando assumimos que não há apenas "dificuldades de aprendizagem" nos alunos, mas que há "dificuldades de ensinagem" nos professores, as práticas se transformaram e os alunos rejeitados por outras escolas passaram a aprender.

Inovar equivale a operar rupturas paradigmáticas e, sozinho, pouco ou nada poderia fazer. Constituímos uma equipe. Respeitamos aqueles que não quiseram mudar, apesar das críticas maledicentes que nos atingiam e perturbavam. No início, apenas guiados pela intuição pedagógica e pela amorosidade, dávamos aula durante a maior parte do tempo, porque era aquilo que nos tinham ensinado a fazer. Mas, fomos introduzindo alterações a partir das nossas dificuldades de ensinagem.

Passamos de uma cultura de solidão para uma cultura de equipe, de corresponsabilização. Essa reelaboração da nossa cultura pessoal e profissional custou tempo e sofrimento. Decidimos habitar um mesmo espaço, derrubar paredes, juntar alunos. Compreendemos que sozinhos não poderíamos ensinar tudo a todos. E que, se estivéssemos em equipe, com um projeto, e autonomizássemos o ato de aprender, poderíamos responder efetivamente às necessidades de cada jovem.

Já na distante década de 1970, questionávamos o instituído. E as salas de aula foram substituídas por espaços de "área aberta". Depois, deram lugar a aprendizagens em múltiplos espaços sociais (edifício-escola incluído), num anúncio da possibilidade de conceber novas construções sociais de aprendizagem.

As famílias dos alunos já haviam passado da criação de uma associação de pais para uma situação de efetiva participação. Deixei de ser diretor; a comunidade assumiu a direção do projeto. E a equipe de professores agia como uma rede solidária de aprendizagem. Todos aprendiam, "desde o pré-natal até à morte", incluindo os professores. Saberes populares foram integrados à produção de currículo, e o conhecimento produzido contribuía para a sustentabilidade da comunidade.

Os enunciados dos projetos requeriam que se educasse para e na autonomia. Porém, paralelamente às transformações que na Ponte se sucediam, reações se faziam sentir. Professores de outras escolas da região, cativos de uma platônica caverna, para onde uma "formação deformadora" os havia atirado, semeavam discórdia. Uma tradição centralizadora e autoritária recusava às escolas o direito à autonomia, mesmo contrariando a lei. Medidas provisórias adiavam a refundação da escola. A crença nas virtudes da velha escola mantinha os professores na ilusão de uma possível melhoria de um modelo em decomposição. Se a família terceirizava a educação dos seus filhos e a escola não ensinava, uma sociedade doente considerava normal que assim fosse.

O contraste entre a sofisticação do discurso e a miséria das práticas tornava-se insustentável. Se o modo como as escolas funcionavam provocava a exclusão de muitos jovens, elas poderiam ser organizadas desse modo? Nunca tomamos posições antagônicas relativamente a essas escolas. Pelo contrário: sempre manifestamos disponibilidade para dialogar, colaborar. Mas o inverso acontecia, e muita maldade se derramou sobre a Escola da Ponte. Talvez, um dia, eu escreva sobre isso, para que o leitor entenda que a história da Escola da Ponte foi feita de sofrimento e resiliência.

Para intervir em órgãos de poder e defender a continuidade do projeto, fui "obrigado" a ser prefeito e aceitar a eleição para membro do Conselho Nacional de Educação. Reivindicamos condições de desenvolvimento do nosso projeto, exigimos respeito pelas decisões tomadas pela escola e pela comunidade. Fundamentando as nossas reivindicações na lei e numa ciência prudente, assumimos o estatuto de autonomia, de dignidade profissional. No Portugal do início do século XXI, trinta anos de projeto, foi celebrado o primeiro contrato de autonomia entre o governo e uma escola pública: a Escola da Ponte. Assumimos um compromisso ético com a educação.

Quando falamos em inovação educacional, o que queremos dizer?

> *Inovação é aquilo que as pessoas e comunidades criam com base em uma pesquisa, em conhecimento, com metodologia clara da realidade em que vivem, para enfrentar os desafios sociais que são vividos naquele seu contexto.*
> Helena Singer

Da leitura de dicionários e obras sobre o assunto, concluímos que "inovação" é tudo aquilo que é novo, que possui valor e capacidade de se renovar/reinventar no decorrer do tempo, em permanente fase instituinte. E que o termo "inovação" tem origem etimológica no latim *innovatio*. Refere-se a ideias, métodos ou objetos criados não semelhantes a ideias, métodos ou objetos conotados com padrões anteriores.

Dizem-nos os mais variados dicionários que "inovação" é ação ou ato que modifica antigos costumes, manias, legislações, processos... Isto é, ação ou ato renovador de algo ou de alguém. Significa a abertura de novos caminhos, a descoberta de estratégias diferentes daquelas que habitualmente utilizamos. Pressupõe invenção, a criação de algo inédito. Em suma: inovação é efetivamente algo novo, que contribui para a melhoria de algo ou de alguém e que pode ser replicado, por exemplo, a partir da criação de protótipos.

Importa caracterizar o fenômeno: inovação será algo inédito, útil, sustentável e de provável replicação. No campo da educação, será um processo transformador que promova ruptura paradigmática, mesmo que parcial, com impacto positivo na qualidade das aprendizagens e no desenvolvimento harmônico do ser humano. Consiste em superar aquilo que se manifesta inadequado, obsoleto. Significa trazer à realidade educativa algo efetivamente novo, ao invés de não modificar o que seja considerado essencial. Pressupõe não a mera adoção de novidades, inclusive as tecnológicas, mas mudança na forma de entender o conhecimento.

Primeira característica de um projeto inovador: o ineditismo. Os avatares do paradigma da aprendizagem foram inovadores quando desenvolveram propostas de deslocamento do ensino centrado no professor para a aprendizagem centrada no aluno. Porém, Dewey foi inovador há mais de um século; Montessori foi inovadora em 1907; Steiner foi inovador há cem anos; Freinet foi inovador na década de 1920. Ao longo do século XX e na atualidade foram e são raros os projetos que adotaram práticas recomendadas ou desenvolvidas por esses autores. Se tivessem sido adotados, esses projetos seriam inéditos há cem anos.

Tais práticas apenas tiveram expressão no contexto do ensino particular. Alguns dos projetos manifestaram essência libertária, mas práticas híbridas. Ainda hoje, por exemplo, as escolas ditas montessorianas, ou Waldorf, desenvolvem práticas relacionadas com o paradigma da aprendizagem, alegadamente centradas nos alunos, mas esquizofrenicamente misturadas com aulas e turmas, que são dispositivos pedagógicos caraterísticos do paradigma da instrução.

Projetos inovadores são projetos sustentáveis. Não serão projetos de professor isolado, solitário, porque um projeto educacional é um ato coletivo, projeto de equipe, de uma escola integrada numa comunidade, dotada de autonomia pedagógica, administrativa e financeira. Para que uma inovação seja sustentável deverão ser criadas condições de disseminação, como: garantia da estabilidade dos núcleos de projeto, celebração de termos de autonomia de escola, garantia de efetivo acompanhamento e de participação de especialistas na avaliação dos projetos.

Projetos inovadores são aqueles que manifestam potencial de replicação, de atingir "escala". Mas não se creia que seja possível "clonar" projetos ou que a inovação educacional parta do centro do sistema. Iniciativas desse tipo – por exemplo, o Projeto Head Starter (Estados Unidos), o Projeto Open School (Europa) ou propostas de pedagogias compensatórias (Brasil) – saldaram-se pelo insucesso. A inovação tem surgido na confluência entre iniciativas de escolas e universidades, em projetos desenvolvidos de modo prudente, fundamentados na lei e numa ciência prudente e em permanente fase instituinte. A Escola da Ponte, por exemplo, foi inovadora até o fim da primeira década deste século. Quando, por intervenção de um ministério prepotente, foi privada de integração comunitária, o projeto "cristalizou". Deixou de ter caráter inovador quando se privou de uma das caraterísticas da inovação: ser uma prática instituinte.

Reputaria de característica mais importante, a utilidade. Isto é: para que haja inovação educacional as tecnologias sociais, as estratégias pedagógicas, os dispositivos e as metodologias deverão ser suporte de garantia de que todos aprendam. Um projeto é inovador se responde a necessidades sociais contemporâneas e tem por referência produção teórica contemporânea, acolhendo contribuições dos paradigmas da instrução e da aprendizagem – por exemplo, a autonomia do aluno, a metáfora do protagonismo juvenil –, mas em práticas radicadas no paradigma emergente da comunicação. Em suma, o que caracteriza uma inovação educacional é essencialmente a de garantir a todos o direito à educação.

A inovação também é criatividade e quase sinônimo de adaptação, pois tudo o que foi inventado passou por um processo de recriação do já existente, transformando-o em novas formas e qualidades. No contexto da escola, recriação assente na tradição. O Brasil dispõe de escolas onde acontece criatividade e existe potencial de inovação, projetos de quase-inovação em diferentes níveis. Definidos os parâmetros e os critérios de avaliação, se utilizarmos uma escala de Lickert de cinco pontos, poderemos considerar, de modo simplista, que: no grau 1 estarão projetos enquadrados no paradigma da instrução; no grau 2, projetos enquadrados no paradigma da instrução, tendendo para o paradigma da aprendizagem; no grau 3, projetos enquadrados no paradigma da aprendizagem, tendendo para o paradigma da comunicação; no grau 4, projetos enquadrados no paradigma da comunicação, em fase instituinte; no grau 5, projetos inovadores.

Em cada ser humano existe um potencial inovador. Para que o seja, bastará que encontre ambiente propício. Tal como muitos outros inovadores, Einstein foi criativo, apesar da escola. Edison foi expulso da escola para poder ser criativo. Picasso deixou a escola precocemente para que ela não lhe cerceasse o espírito criativo.

Dizem os economistas que *a inovação destrói empregos com mais rapidez do que a educação os salva*, questionando um mito: que a escola que temos *prepara para o trabalho*. Nem para isso serve, pois prepara os jovens para empregos extintos em menos de uma dúzia de anos. Como não *prepara para o exercício da cidadania,* dado que cidadania em cidadania se aprende. Ou, como alguém ironizou, esse modelo de escola é excelente, o que o atrapalha são os alunos...

Godlad dizia que todo o educador é um otimista. Ouso discordar. Estou muito mais próximo da convicção do amigo Rubem, que nos diz ser o educador um esperançoso. Porque o otimismo é da natureza do tempo e a esperança é da natureza da eternidade, e, entre o sim e o não existe a esperança de um tempo novo, um tempo de atos criadores e de vida gratuita. As atas da Conferência de Ministros da Educação, há quarenta anos realizada em Caracas, reza assim: "toma corpo a ideia de uma educação libertadora, que contribua para formar a consciência crítica e estimular a participação responsável do indivíduo nos processos culturais, sociais, políticos e econômicos". Três anos antes, a Conferência Geral do Episcopado Latino-americano, reunida em Medellín, também registrava em ata: "A educação em todos os seus níveis deve chegar a ser criadora, pois devemos antecipar o novo tipo de sociedade que buscamos na América Latina". Decorridas quatro décadas, move-nos a esperança de que, algum dia, essas vozes sejam ouvidas.

Esperança, em seu sentido mais genuíno, significa fé na bondade da natureza humana. Significa confiar, acreditar ser possível ensinar (e aprender!) o diálogo, o reconhecimento da diversidade, a amorosidade, a solidariedade, a alegria, a justiça, a ética, a responsabilidade social, o respeito, a cidadania, a humanização da escola. Utopia! – exclamarão alguns. Mas, como nos avisa Robert Musil, a utopia é uma possibilidade que pode se efetivar no momento em que forem removidas as circunstâncias que obstam à sua realização...

É bem verdade que uma modernidade prometeica nos fez desesperançosos, mas mantenhamos a esperança de *chegarmos vivos ao fim da vida. Escutemos o mestre Agostinho, quando nos diz ser possível que as crianças sejam tão livres* e desenvolvidas, que possam governar o mundo pela inteligência e imaginação, e não por saberem muita aritmética ou ortografia. Mestre Agostinho tinha esperança de que a criança grande, que habita em cada um de nós, pudesse dar ao mundo o exemplo do que deve ser "vida gratuita", para que ninguém tenha de pagar e trabalhar para viver, para que *ninguém mais passe a vida amuralhado e encerrado entre grades e renasça para ser aquilo que devia ser.*

Somos do tamanho dos nossos sonhos, como afirmou Fernando Pessoa. No tempo em que o projeto da Escola da Ponte teve início, era a esperança que nos movia. Diziam-me que, com professores como aqueles que tínhamos na época, não seria possível fazer avançar o projeto. Mas foi com aqueles professores, acreditando na capacidade de se transcenderem, que o projeto da Ponte começou. Foi esperançosamente que ele prosperou. O projeto "Fazer a Ponte" foi esboço de uma nova construção social de educação. Foi inovação na década de 1970.

Entretanto, no Brasil da década de 1960, o mestre Lauro teoricamente antecipou o que, trinta anos decorridos, mestres catalães e anglo-saxônicos iriam redescobrir. A proposta teórica do mestre Lauro requeria ruptura paradigmática, outro modo de fazer escola. Os livros *Escola secundária moderna*, *Escola de comunidade* e outras obras do insigne mestre apontavam para uma prática inovadora, que, sessenta anos depois, irá ser concretizada (o estudo de caso do projeto será objeto de outro livrinho).

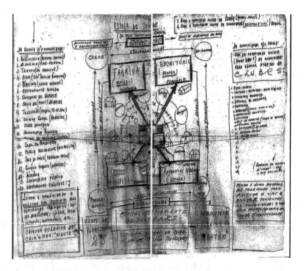

Fac-símile do roteiro do livro *Escola de comunidade*, esboçado por Lauro de Oliveira Lima em meados dos anos de 1960.

Algures, alguém escreveu que existe uma cultura de inovação entre nós que fica reprimida por agendas presas ao passado ou por falta de visão de futuro. Exemplo da justeza dessa afirmação é o desfecho da chamada pública para projetos inovadores, iniciativa que, em boa hora, o MEC desenvolveu. Mudanças no elenco ministerial deixaram os projetos inovadores à espera de avaliação e acompanhamento, que o MEC prometeu mas não realizou. Entretanto, secretarias de educação adotam documentos como aquele de onde extraí os seguintes excertos:

> A cidade pode constituir-se espaço educador que "possibilita o encontro dos sujeitos históricos, no diálogo entre escolas e outras políticas públicas, criando espaços, tempos e oportunidades educacionais. A formação dos indivíduos não se restringe ao espaço físico escolar; é uma proposta que integra a vida comunitária [...] ideias visionárias e bastante pertinentes quanto a: a) fazer escolas nas proximidades das áreas residenciais, para que as crianças não precisassem andar muito para alcançá-las e para que os pais não ficassem preocupados com o trânsito de veículos (pois não teria tráfego de veículos entre o caminho da residência e da escola), obedecendo a uma distribuição equitativa e equidistante [...] atividades na biblioteca, na piscina, nas quadras de esporte. [...] Pode ocorrer em praças, clubes, cinemas, comércio local, teatro [...] espaços internos como biblioteca, laboratórios de ciências e de informática, pátios, parques. [...] O território não se limita ao espaço geográfico, mas a abrangência dos efeitos sociais e políticos em que o indivíduo esteja inserido. O estudante não é só da professora ou da escola, e sim da rede, da cidade. [...] O aumento do tempo de estudo deve vir acompanhado da ampliação do acesso dos estudantes aos espaços múltiplos para apropriação da cidade e de seus saberes.

Porém, esse documento orientador de política educativa é ignorado e o quadro normativo da Secretaria limita os espaços de aprendizagem apenas às salas de aula.

Existe a demanda de transformação da educação e de ultrapassar o âmbito restrito da educação escolar, agindo em múltiplos espaços sociais, políticos e culturais. Em 1979, Lauro de Oliveira Lima escrevia:

> *A escola não se reduzirá a um lugar fixo murado. A expressão "escola de comunidade" procura significar o desenquistamento isolacionista da escola tradicional. Escola, no futuro, será um centro comunitário propulsor das equilibrações sincrônicas e diacrônicas do grupo social a que serve. Não só a escola utilizará como instrumento "escolar" o equipamento coletivo, como a comunidade utilizará o local da escola como centro de atividade.*

Na década de 1960, num primeiro rascunho do primeiro livro publicado sobre comunidades de aprendizagem, o mestre Lauro escrevia:

> *educar através de clubes [...] misturar adultos e adolescentes [...] governo de centro [...] usar a capacidade ociosa da escola [...] liderança sem chefia [...] equipamentos coletivos [...] escolinha de arte [...] escolinha de arte treinar os membros da comunidade para serem professores [...] criação coletiva de crianças [...] levar a comunidade a colocar em comum seus pertences [...] universidade popular [...] verificar os tipos de atividades existentes na comunidade [...] escola de comunidade.*

"Inferno astral"

> *Importante é interromper a matança de crianças (nas escolas) e evitar a exterminação no embrião de milhões de gênios.*
> Luckesi

De quatro em quatro anos o ciclo se repete. Conscientes de que, num dos estados da União, em cada cem jovens que concluem o Ensino Médio, apenas um é proficiente em Matemática e de que o percentual de alunos de 9º ano com plenas condições de compreender e se expressar é inferior a 10%, secretários de educação recém-indigitados esboçam projetos de mudança... e o "inferno astral" se instala. São assediados por puxa-sacos, pedindo emprego para familiares e amigos. Recebem uma avalanche de currículos. São pressionados por políticos sem escrúpulos, negociando cargos. Poucos resistirão ao assalto de sistemas de ensino e consultorias, portadoras de mágicas soluções para a crise do sistema. E aqueles que resistem são alvo de tentativas de assassinato político. As redes sociais enchem-se de *fake news* – insinuações, insultos, calúnias.

A recente nomeação de um secretário de educação acendeu no espírito desse incorrigível esperançoso um pressentimento de que algo vai mudar. Escutemo-lo: "Nosso currículo, nossas metodologias e nossas rotinas precisam passar por um processo de modernização. Teremos seleções técnicas para todos os cargos. Políticas públicas serão baseadas em evidências científicas".

Conheço bem o novo secretário. É pessoa competente para o exercício do cargo e talvez não ceda perante tentativas de assassinato político perpetradas por politiqueiros e bonsais humanos preconceituosos, que chafurdam na lama da era da pós-verdade. E o plano de governo em que desempenha o seu cargo é coerente com os seus propósitos.

A Secretaria se avolumou e se distanciou do fazer pedagógico e da sua função perante a sociedade [...] um gestor público consciente das suas responsabilidades deve ter a educação como base fundamental para desenvolvimento sustentável da sociedade. Através da educação de qualidade é possível formar profissionais em todas as áreas para garantir o crescimento econômico, a inclusão social, a diminuição das desigualdades, a sustentabilidade e a preservação do meio ambiente. [...] Valorização dos profissionais da educação [...] proporcionando melhores condições de trabalho, ambiente digno e integrado ao conceito de cidades inteligentes, humanas e sustentáveis.

O novo secretário de educação secunda esse rol de intenções e é claro em suas declarações públicas:

Precisamos reagir para transformar a vida dos estudantes da rede pública [...] grande parte do desenvolvimento está sendo fruto do investimento pesado na educação. Existe uma vasta literatura de pesquisas científicas mostrando o que funciona e o que não funciona na área [...] O governador depositou confiança no nosso projeto: educação pública, gratuita e de excelência para todos; profissionais valorizados, em todos os sentidos, com ótimas condições de trabalho; inspirar e cuidar das pessoas; oferecer para a população tudo o que ela precisa e merece; um novo tipo de escola e de sistema educacional; mais educação inclusiva e integral. [...] A boa política é feita com diálogo, transparência, respeito e inteligência. A má política é feita de mentiras, trapaças e sujeira. Precisamos,

> *enquanto cidadãos e educadores, estimular e participar da boa política.*

Parece ter chegado a essa Secretaria o tempo da *boa política*, que bem necessária é, porque a educação tem estado nas mãos de principiantes e amadores. A tarefa do novo secretário anuncia-se ciclópica, dado que o sistema educacional está imerso em contradições, numa deriva traduzida em indicadores medíocres.

Desde meados do século passado, teorias curriculares apontam a necessidade de substituir uma escola que serviu a necessidades sociais da revolução industrial, mas que, no século XXI, mostra-se obsoleta. Desde há mais de meio século teses e outros estudos feitos de citações de citações replicam teoria fóssil, que jamais conduziram à identificação de caminhos exequíveis de implementação de uma educação de boa qualidade. Refletem uma espécie de "cegueira epistemológica" e não vão além de recomendações de implementação ou adaptação de programas, projetos e outras medidas de política educativa, de metodologias adotadas por universidades (como a absurda "aula invertida"), ou importações de modelos estrangeiros. Repousam, inúteis, nas prateleiras das bibliotecas das faculdades de educação, acumulam-se sem serventia. Ou, o que é pior, se traduzem, por exemplo, em projetos de formação de professores para "comunidades de aprendizagem", generosamente financiados, mas que não passam de meros paliativos do modelo de escola dita "tradicional".

Sugerimos que se reflita sobre o seguinte: se o professor é um ser humano sensível e inteligente, conhecedor da lei, que nos diz ser a educação um direito de todos, poderá continuar a praticar tal modelo? Coloquemo-nos na dimensão da deontologia profissional, consideremos exigências éticas, para compreendermos a dimensão real da "crise". A pesquisa tradicional não deixa ver que "a crise" da escola não é apenas da escola, mas afeta todo o tecido social e se projeta na escola. A situação de crise não é apenas originária dos defeitos de uma gestão burocratizada, é produto de uma sutil corrupção pedagógica. Urge criar um contraponto dessa *má política*, conceber novas construções sociais de aprendizagem que integrem as dimensões escolar, familiar e social e contemplem necessidades sociais contemporâneas.

Knecht, personagem criado por Herman Hesse, desejava educar uma criança que ainda não tivesse sido deformada pela escola. Hesse faz a crítica de uma instituição que se mantém conivente com a perpetuação de um estado de desequilíbrio entre um imenso progresso técnico e a nossa sobrevivência numa espécie de proto-história da humanidade, feita de sofrimento humano e corações vazios, na qual ainda precisamos de aparatos sociais como tribunais e prisões. Quanto tempo durará o inferno astral da educação?

Escolas: espaços de construção de inovação

> *O que faz andar a estrada? É o sonho. Enquanto a gente sonhar, a estrada permanecerá viva. É para isso que servem os caminhos, para os fazerem parentes do futuro.*
> Mia Couto

Em breve e em outro livro desta série espero levar ao leitor o registro da criação de uma rede de comunidades de aprendizagem. Este projeto está tomando forma em um dos estados do Brasil. Certamente, nos dará elementos para que o conceito de comunidade de aprendizagem seja aprimorado e as práticas correspondam, efetivamente, aos princípios que inspiram essa nova construção social de aprendizagem. Por ora, aqui se apresenta uma proposta de tarefas testadas em anteriores projetos de comunidade de aprendizagem desenvolvidos no Brasil. A sequência apresentada é aquela que a maioria dos projetos adotou. A ordem das tarefas poderá ser alterada, assim como o tempo de duração de cada tarefa, que deverá ser aquele que cada *núcleo de projeto* considerar adequado.

"Núcleo de projeto"? Isso mesmo! São muitos os caminhos, apenas é preciso que um núcleo de projeto dê os primeiros passos. Apenas é preciso que haja, numa escola qualquer, um educador que "ainda não tenha morrido" e que decida recomeçar um projeto de vida pessoal e profissional, a partir de sua formação experiencial. E que se liberte da solidão da sala de aula, espaço onde o encerraram, desde o século XIX.

Projetos nascem de necessidades, desejos, problemas, sonhos. Projetos nascem de interrogações, que interpelam naturalizações e requerem resposta científica e pedagogicamente fundamentada. Muitos educadores já reaprenderam a fazer perguntas. Continuo esperançoso quando acolho depoimentos como este:

> *Pensamos em desistir várias vezes e retornar ao caminho antigo. Não existiam modelos. Então, fomos criando estruturas organizacionais que nos permitiram interagir em novas formas com as crianças. Após muito trabalho, muito estudo, chegamos ao fim do ano com muitas conquistas. As crianças demonstravam diferentes aprendizagens e víamos avanços em todas as áreas. As relações afetivas foram ampliadas e um grande sentimento de grupo cresceu entre nós. Os pais mostraram-se satisfeitos com o que viam em seus filhos e apoiaram essa prática, que no início parecia tão ousada e ao final revelava-se tão eficiente. Cresceram as crianças, as professoras, a direção, a escola.*

Eis um possível passo a passo

Tendo as escolas como referência, educadores se organizam em núcleos de projeto. Uma escola não muda totalmente ao mesmo tempo. Por isso, dever-se respeitar quem não quer mudar.

Embora passe por diferentes estágios de constituição, cada núcleo é um nó de uma rede, na partilha de uma mesma linguagem e idênticos objetivos. Os diferentes estágios resultam do diagnóstico local e da impossibilidade de criar uma coerência exata das ações entre os núcleos, pois cada grupo humano reage de modo diferente à transição paradigmática. E as etapas de transformação dos núcleos são vivenciadas pelos seus membros como autopercepção da mudança num estatuto de participante ativo.

Tomada consciência da precariedade do que chamamos "ensinagem", sobrevém a necessidade de entender como fazer diferente e se evidencia que um projeto de mudança é um ato coletivo, que a autonomia acontece quando se é "autônomo com o outro". A autonomia é um conceito relacional. Ninguém é autônomo sozinho. Eu existo porque o outro existe. A minha liberdade *não termina* onde começa a liberdade do outro; a minha liberdade *começa* onde começa a liberdade do outro. Em equipe são defrontados momentos críticos de reelaboração da cultura pessoal e profissional. Vejamos o que acontecia há quarenta anos numa Escola da Ponte, onde a reelaboração cultural também se traduzia no trabalho de equipe:

> O presidente da assembleia de alunos era um mocinho muito autocentrado. Nas reuniões, ele somente dava a palavra aos amigos e não assumia responsabilidade coletiva em situações que justificavam essa atitude. Foi criticado por muitos dos alunos que o elegeram. Reagiu, dizendo que se demitiria. Então, as crianças tomaram uma decisão surpreendente: o presidente deveria continuar no cargo, mas a condução das reuniões deveria ser partilhada por todos os membros da assembleia, de modo a ajudar o presidente a aprender a respeitar os outros e a respeitar-se.

> Ao longo daquele ano letivo o presidente, que não foi demitido, viveu múltiplas situações de ajuda. No final da última assembleia daquele ano discursou agradecendo aos colegas a oportunidade de ter aprendido a ser solidário. Em linguagem de gente jovem, disse que não se importava de não ser o primeiro, para que todos fossem os primeiros.

> Diz-nos o mestre Pestalozzi que a educação moral não deve ser trazida de fora para dentro da criança, mas deve ser uma consequência natural de uma vivência moral. A compreensão e a aceitação do outro resulta de uma aprendizagem da verdade, na arte de conviver. Desde tenra idade, a solidariedade na solidariedade se aprende.

A profissão de professor não é um ato solitário; deverá ser um ato solidário, trabalho em equipe. O resto é obra do tempo de chão de escola, de estudo, de prudência, de cumprimento de preceitos legais, de fundamentação científica e pedagógica.

1ª tarefa: constituição de um núcleo de projeto

É o primeiro passo do retomar de projetos de desenvolvimento pessoal e profissional e da concretização de projetos educativos. Acontece o encontro entre professores, pais de alunos, familiares, funcionários das escolas, voluntários, que se constituem em equipe de projeto.

O grupo reunido deverá ter, pelo menos, três elementos e nele um professor. Também será necessário incluir na equipe de projeto representantes da direção da escola e pesquisadores e/ou professores universitários.

2ª tarefa: identificação da matriz axiológica do projeto político-pedagógico

A criação do núcleo de projeto marca o início da reconfiguração das práticas educativas, quando os educadores que o constituem procedem à identificação de valores comuns.

Os seres humanos são, implícita ou explicitamente, conduzidos por valores que o conjunto de comportamentos reflete. Um valor é um fundamento ético que norteia o comportamento humano e que é traduzido por uma única palavra. Cada educador elabora uma lista de valores que considera fundamentais em sua vida. Depois se verifica se há valores comuns às várias listas, utilizando-se a dinâmica "árvore dos valores".

Identificados os valores comuns, a equipe toma forma, que assegurará a concretização do projeto político-pedagógico da sua escola.

3ª tarefa: carta de princípios e acordos de convivência

A partir do inventário de valores é elaborada uma carta de princípios e serão estabelecidos acordos de convivência. Na sequência, procede-se à análise de documentos organizadores do trabalho pedagógico. Será preciso verificar se existe coerência entre a lei de bases e o projeto político-pedagógico e se o regimento interno é coerente com o projeto político-pedagógico.

O levantamento de valores predominantes na comunidade de contexto e um inventário de necessidades da população completará essa fase do processo formativo.

Deverá ser estimulada a reflexão sobre habilidades de liderança para que estas promovam uma atmosfera de harmonia e cooperação, dentro e fora do grupo de trabalho. Mas, caso a equipe se depare com conflitos de interesses ou abusos de poder, deverá agir no sentido do cumprimento do projeto político-pedagógico, serena e construtivamente, propondo o diálogo e respeitando as atitudes de quem não deseja participar nos processos de mudança.

Além dos documentos referidos, deverão ser analisados os emanados do Ministério da Educação que de algum modo estejam relacionados à inovação e ao currículo. Também deverá ser consultada a Constituição da República e documentos como: Relatório Delors (da Unesco), Carta da Terra, Carta de Barcelona, Objetivos do Desenvolvimento Sustentável e Manifesto da Transdisciplinaridade.

Por fim, a equipe redige e aprova o "perfil do educador" e faz-se um termo de compromisso. Ao assiná-lo, os elementos da equipe assumem o compromisso de participação na equipe por um período não inferior a três anos.

4ª tarefa: identificação do potencial educativo da comunidade

Ao longo do processo formativo é realizado o mapeamento de espaços e de pessoas com potencial educativo, dentro e fora do edifício-escola. O mapeamento poderá ser realizado com o recurso *Google Maps*. Exemplo:

A   Escola Municipal Sócrates Mariani Bittencourt
B   Praça Dr. Paulo Pinheiro Chagas
C   Praça Sérgio Freitas Araújo
D   Campo de Futebol Cruz Azul
E   Usifast
F   Distribuidora de bebidas
G   Tora Logística
H   Praça – Final da linha do ônibus 2.580
I   Prédio antigo
J   Prédio antigo
K   Quadra esportiva
L   Mayer Werke – Engenharia e Equipamentos Industriais
M   Academia do Corpo de Bombeiros
N   Escola Estadual Deputado Renato Azeredo
O   Praça

Esse dispositivo permite localizar espaços de aprendizagem no território educativo (escolas, igrejas, praças, empresas, bibliotecas, florestas, habitações... internet).

Também se poderá fazer um inventário de saberes populares (p. ex., medicina popular, meteorologia popular...), um levantamento de tecnologias sociais existentes na comunidade, elaborar o estatuto de voluntário e um mapa de disponibilidades. Nos encontros com os membros da comunidade será possível criar uma associação de pais, caso não exista.

5ª tarefa: instalação de um protótipo de mudança

Dado que o processo formativo é caraterizado pelo isomorfismo, a cada projeto desenvolvido pela equipe deverá corresponder uma tarefa de natureza idêntica com os alunos e com a comunidade.

Aproveitando a prática dos professores (valorizando o saber "dar aula"), os participantes do núcleo do projeto aprenderão a utilizar dispositivos pedagógicos, metodologia de trabalho de projeto, a fazer roteiros de estudo, avaliação etc.

Também haverá aulas de elaboração de projetos e roteiros de pesquisa, com o mesmo objeto para todos os participantes. Sugestão: reconhecimento do bairro, identificação de espaços e pessoas com potencial educativo...

O trabalho dos educadores sempre deverá ser realizado em equipe. Um educador nunca deverá estar sozinho.

6ª tarefa: adequação de espaços de aprendizagem no contexto escolar

Os espaços do edifício-escola deverão ser equipados com materiais necessários ao trabalho comunitário de aprendizagem. Juntamente com a atualização das bibliotecas escolares e comunitárias, deverá ser disponibilizado acesso à internet e também programas de aprendizagem.

Em cada espaço de aprendizagem sempre deverão estar dois ou mais educadores.

7ª tarefa: encontros com a direção da escola e a comunidade
Nesses encontros será apresentada e explicada a proposta de reconfiguração da prática escolar para saber quais as famílias que desejam que seus filhos participem dela. Também o mesmo critério deverá ser utilizado com funcionários, professores e a direção das escolas.

É preciso que haja encontros informais de debate, esclarecimento, rituais e rotinas que promovam a vizinhança. Que todos entendam que o objetivo é introduzir uma segunda opção formativa na escola, mantendo-se as práticas anteriores desenvolvidas pelos professores que não desejam participar desse novo projeto.

Igualmente poderão ser apresentadas aos órgãos de direção e gestão da escola propostas de reelaboração do projeto político-pedagógico e do regimento interno. Havendo receptividade da direção, a eventual reelaboração deverá ser feita de modo participativo (o que inclui a participação das famílias dos alunos e da comunidade).

Após a entrega dos documentos fundadores do projeto à direção da escola, será estabelecido um calendário de encontros. Num ambiente de mútua disponibilidade e colaboração, deverão ser acordadas formas de atuação da equipe de projeto.

A partir do momento em que se iniciar o processo de transformação, os educadores integrantes da equipe (núcleo) de projeto adotarão práticas consentâneas com a concretização do projeto político-pedagógico e com as normativas em vigor, desde que estas se adequem ao trabalho em comunidade de aprendizagem. Essas práticas serão caraterizadas pela autonomia e por uma gestão flexível e inovadora do currículo. Novos modos de desenvolvimento curricular dispensarão, por exemplo, a formação de turmas, a sala de aula, o cumprimento de horário padrão.

No decurso do primeiro ano de desenvolvimento do projeto de transformação deverá ser negociado um *termo de autonomia*, tendo por referência uma comunidade de aprendizagem, organização social autônoma, na qual se pratica uma gestão verdadeiramente democrática.

8ª tarefa: reorganização dos tempos de aprendizagem

O horário é o da comunidade, do ritmo, dos ciclos de vida e de cada membro da comunidade. Não haverá horário fixo de "entrada" ou de "saída", dado que não se trata de entrar e sair de um edifício, onde supostamente se aprende, mas de efetivamente aprender em múltiplos espaços. Nem existe uma escola-edifício separada da comunidade.

A aprendizagem acontece 24 horas por dia nos 365 dias de cada ano. Não haverá "férias escolares" ou períodos de "recesso". Cada educador estabelece o seu tempo de repouso (ou até mesmo de "estar sozinho") em acordos elaborados com os membros da comunidade. Os planejamentos diários serão feitos em comum, partindo-se da produção de mapas de tempos comuns a todos os sujeitos aprendentes, para se chegar a uma gestão individualizada do tempo. E na elaboração de um banco de horas de tutores, voluntários e outros agentes educativos, deverão ser levadas em conta as contribuições da cronobiologia e a disponibilidade de cada educador.

9ª tarefa: dispositivos de reconfiguração das práticas

Dentre uma vasta gama de dispositivos serão selecionados aqueles considerados propícios aos espaços de aprendizagem. Por exemplo: "Assembleia", "Acho bom/acho ruim", "Proponho", "Já sei e posso ajudar", "Caixinha de segredos", "Grupos de responsabilidade"...

10ª tarefa: criação de uma rede de núcleos de projeto
Considerada como núcleo de uma rede de aprendizagem, convém à escola fazer parcerias, propiciar a constituição de redes de comunidades. Possíveis tarefas: construir um cenário para a educação local com base nos indicadores de implementação do projeto; identificar o potencial local para construção de comunidades de aprendizagem; disponibilizar contributos que promovam a ecossustentabilidade, o estímulo ao espírito inventivo e a criação de soluções novas, bem como de responsabilidade social, princípio ético que nos diz que tudo o que for inovado deva ser para o benefício coletivo; sistematizar o conhecimento para posterior difusão.

Um projeto isolado é frágil, insustentável. Urge criar redes de núcleos de projeto, promover a colaboração entre pessoas e instituições. Se for possível, através da criação de uma rede digital, na qual diferentes saberes e projetos possam ser partilhados.

11ª tarefa: tutoria
A tutoria tem início com a constituição do protótipo de mudança, *quando há uma equipe, ou, pelo menos, professores que coletivamente desejam mudar.*

Em todos os momentos desse processo não são produzidos desfechos homogêneos. Cada núcleo e cada tutor apreende o processo a seu modo e assume-o no seu ritmo. E, porque a afetividade não é neutra, acontece numa escolha mútua de tutores e tutorandos...

Poderá ser tutor todo o educador que possa participar no projeto, no mínimo, um dia por semana. E que possa estar disponível a qualquer hora de qualquer dia (inclusive fim de semana) para encontros com as famílias dos seus tutorandos.

Cada educador (assumindo o estatuto de tutor) não poderá estar mais de cinco horas por dia em trabalho direto com os aprendizes. Ele tem outras funções a executar: registros, encontros com pais, o *direito de estar sozinho*...

Ele não pode dar respostas. Não prepara projetos para os alunos, mas, com os alunos, constrói projetos a partir de necessidades, desejos, problemas, sonhos...

O tutor não faz planejamento de aula, mas, com os tutorandos, elabora roteiros de estudo e planejamentos; ensina os seus tutorandos a planejar, a planejar-se, a saber gerir recursos, tempos, espaços...

O tutor não "dá aula". Ele questiona, ajuda, esclarece, assegura a mediação pedagógica, avalia, mantém atualizado o registro de avaliação formativa de cada tutorando, faz observações ocasionais e sistemáticas, verifica se os dispositivos pedagógicos estão sendo devidamente utilizados, se as regras de convivência estão sendo cumpridas.

No primeiro mês os educadores deverão escolher os seus tutorados (entre 8 e 12 jovens). Após esse período os jovens escolherão os seus tutores e os tutores escolherão os seus tutorandos.

Antes do primeiro dia de experimentação (e, depois, na véspera de cada dia de trabalho), o tutor ajuda os tutorandos a elaborar os seus planejamentos diários. Recomenda-lhes atenção aos horários que deverão cumprir, bem como a identificar os locais onde irão desenvolver as suas atividades.

No final de cada dia acontece um encontro de avaliação das aprendizagens realizadas e o planejamento do dia seguinte. Uma vez por semana o tutor se reúne com todos os seus tutorandos para avaliação e autorregulação das aprendizagens realizadas.

Na prática de uma ética do cuidado, uma forma suplementar de tutoria poderá ser a "ajuda entre pares" – voluntariamente, durante 15 minutos diários (limite máximo), jovens ajudam jovens (p. ex.: os já alfabetizados poderão ajudar aqueles que estão se alfabetizando). O mesmo poderá acontecer entre pares de educadores.

12ª tarefa: projeto de desenvolvimento pessoal e profissional
À semelhança do educando, cada educador (tutor) desenvolverá o seu projeto de reelaboração cultural, em sucessivos roteiros de estudo que integram as dimensões curriculares da subjetividade, da comunidade da consciência planetária.

13ª tarefa: currículo da subjetividade
No desenvolvimento de projetos acontecerá não o consumo acéfalo de currículo, mas a produção de conhecimento, produção de currículo. A partir de sonhos, necessidades e desejos de cada ser humano, e integrando conteúdos, competências e capacidades de uma base curricular, visa-se estimular talentos e cultivar os dons de cada sujeito aprendente.

Dado que um ser humano é único e irrepetível, no desenvolvimento do currículo da subjetividade é respeitada a especificidade do seu repertório linguístico e cultural, dos seus estilos de inteligência predominantes, do seu ritmo de aprendizagem.

Exemplo colhido numa escola brasileira:

> A tutora perguntou a uma menina: O que queres ser? (não perguntou: "O que queres ser, quando fores grande?"; esse tipo de pergunta assemelha-se a um insulto; criança é, não vem a ser...)
> Ela respondeu: Quero ser *rapper*.
> Com a jovem aluna se construiu um projeto de vida pessoal, elaborou-se um roteiro de estudo, fez-se pesquisa (Onde nasceu o *rapp*? Como se compõe um *rapp*? Como se declama e canta...?).
> Com o objeto de estudo bem-definido, na intersubjetividade aprendeu a selecionar, a analisar, a criticar, a comparar informações; a avaliar, a sintetizar, a comunicar informação.
> Hoje essa jovem é uma rapper.
> Cantou na abertura dos jogos olímpicos.
> Mais um ser humano se realiza...

14ª tarefa: currículo da comunidade

A partir de sonhos, necessidades, problemas da população do território de contexto, promover a integração comunitária da escola e um desenvolvimento local sustentável. No desenvolvimento de um currículo de comunidade o conhecimento produzido no decurso dos projetos é colocado em ação, gerando competências.

Exemplo colhido em outra escola brasileira:

> Certo jovem estava irritado. Naquela manhã, não pôde tomar o seu banho, pois havia faltado água na comunidade. E o córrego que atravessava a comunidade estava poluído; não se podia utilizar aquela água.
>
> Com outros jovens e seus tutores foi elaborado um projeto de despoluição do córrego e da construção de cisternas de recolha de água de chuva. A abundância de água irrigou hortas comunitárias. Os hábitos alimentares se alteraram e as verduras passaram a fazer parte da alimentação. A partir de uma necessidade social se recolheu informação, produziu currículo de comunidade (matemática, língua portuguesa, física, química, hidráulica...). Transformou-se a informação em conhecimento e se colocou o conhecimento produzido a serviço da comunidade, do bem comum; transformou-se o saber em ação, isto é, em competência. Se aprendeu!

15ª tarefa: currículo da consciência planetária

O processo de autoconhecimento harmoniza-se com necessidades e problemas da sociedade contemporânea e do planeta. Levando-se em consideração os dezessete objetivos de desenvolvimento sustentável e as quatro dimensões da sustentabilidade, serão desenvolvidas habilidades socioemocionais, assegurando, através do desenvolvimento de competências transversais, o pleno desenvolvimento pessoal e social do ser humano.

Exemplo colhido em mais uma escola brasileira:
Uma jovem manifestou preocupação pelo fato de a espécie humana estar em risco de extinção, dada a crise ambiental (o buraco na camada de ozônio, o efeito estufa, a poluição e a escassez de água potável, a acelerada degradação do planeta...). Com os professores elaborou um projeto, realizou pesquisa individual e em equipe. Foi para Washington apresentar um projeto por ela concebido, que, experimentalmente, a Nasa enviou para o espaço: uma ampola de um composto feito de cimento e pó de plástico verde. Se esse composto resistir de maneira satisfatória à microgravidade, ele poderá ser uma alternativa para a construção de colônias humanas fora da Terra.

Tudo começou quando a jovem aluna manifestou preocupação com a vizinhança, com o mundo, com o futuro da humanidade, numa das escolas brasileiras, onde já se esboçam novas construções sociais de aprendizagem.

16ª tarefa: círculos de estudos

Está prevista a criação de círculos de estudo por área de conhecimento, nomeadamente na área de alfabetização linguística e lógico-matemática.

A criação de círculos de estudos será antecedida de oficinas, nas quais serão produzidos roteiros de estudo e iniciada a partilha de conhecimento em equipe.

17ª tarefa: realização de encontros de formação presenciais

Formadores e núcleos de projeto deverão planejar os encontros presenciais. O objetivo desses encontros é vivenciar a teoria na prática. Por exemplo, a prática da metodologia de trabalho de projeto. Acrescenta-se a isso a oportunidade de reunir educadores de diferentes escolas e municípios para preparar a criação de redes de projetos inovadores.

No primeiro encontro presencial também se pretende refletir sobre diferentes formas de comunicação, tomadas de decisão, participação, gestão de conflitos.

18ª tarefa: linha de base da qualidade da educação
Recomenda-se a análise de documentos de política educativa local, de planos diretores e da informação estatística disponível referente ao município e à escola, colhendo dados de natureza quantitativa e qualitativa (p. ex., quantitativo de professores e de outros agentes educativos, número de matrículas, índice de reprovação, de abandono e de distorção ano de escolaridade/idade, custo aluno-ano etc.); caracterizar a infraestrutura física educacional; avaliar projetos da iniciativa do poder público (p. ex., cartas educativas) para elaboração de uma "linha de base" da educação da região.

Poderão ser elaborados questionários e utilizar diversos instrumentos de recolha de dados para concluir um primeiro inventário de necessidades, desejos, problemas locais, bem como introduzir (se for pertinente) práticas de justiça restaurativa, comércio justo, práticas de agroecologia, de bioconstrução...

A par da definição de indicadores e de critérios de avaliação, convirá elencar indicadores de boa qualidade educacional, e a avaliação aferida terá por parâmetros os domínios cognitivo e atitudinal. Definidos os critérios e aplicados os testes (um deles deverá ser de itens propostos pelos alunos), o diagnóstico será concluído com a apresentação das conclusões à direção da escola.

Não se pode esquecer que a avaliação deve ser formativa, contínua e sistemática. Em muitas escolas aplica-se teste e dá-se uma nota sem saber o que se faz. Há quem confunda avaliação com classificação e dê a nota a partir dos resultados dos testes. Eu sei que esse tipo de avaliação alega considerar uma percentagem da nota à avaliação de atitudes. Porém, não se apresenta os instrumentos de avaliação que permitam medir atitudes como a autonomia, a criatividade. Diria que essa avaliação é feita a "olhômetro", enquanto as evidências de aprendizagem constantes dos portfólios de avaliação nos dizem o que as crianças aprenderam, quer no domínio cognitivo, quer no domínio atitudinal.

Como diria o Iturra:

> Na vertigem das reformas educativas dos últimos cem anos em Portugal, a memória transmitida é a abstração escrita de um saber variável que não condiz com o quotidiano em que viveu uma parte da população, que se identifica melhor com a sua própria memória oral como fonte de conhecimento. [...] A cultura letrada que organiza o ensino não tem sido capaz de romper com o modelo imperante de eficácia econômica e incorporar a prática social como mediadora entre o saber da experiência controlada e o saber que provém da experiência provada.

E Freudenthal diz-nos que *"o exame se torna um objetivo; o que vem para exame; um programa; o ensino da matéria para exame, um método".*

19ª tarefa: prática de uma avaliação formativa, contínua e sistemática

Serão concebidos registros de evidências de aprendizagem cognitiva e atitudinal e organizados portfólios de avaliação. Inicialmente, os mapas serão preenchidos com dados de avaliação diagnóstica, realizados durante os períodos de experimentação.

Durante o primeiro mês de projeto e por sua iniciativa, cada educador dedica cerca de quinze minutos diários a uma avaliação diagnóstica. Poderá gravar as "evidências de aprendizagem" (p. ex., em um smartphone ou laptop), arquivando-as numa plataforma digital.

Após o primeiro mês, quando o registro de avaliação formativa de cada educando estiver atualizado, a iniciativa do momento de verificação das aprendizagens é do educando. Quando o educando manifesta ter produzido conhecimento, quando sente que já sabe, solicita avaliação formal.

Acaso decorra uma semana sem que o educando solicite avaliação, o tutor deverá ser proativo e propô-lo.

20ª tarefa: equipe de acompanhamento e avaliação

Recomenda-se a constituição de uma equipe de acompanhamento e avaliação que elabore um protocolo de avaliação (interna e externa) do projeto.

A integração de atores estratégicos, direta ou indiretamente participantes do projeto, viabilizará o esforço dos educadores na cocriação de uma rede de suporte de mudanças das práticas educativas e sua posterior difusão. E as diretrizes estratégicas, devidamente implementadas, possibilitarão uma gradual transição paradigmática, com garantia do pleno acesso (de todos!) a uma boa educação.

O modelo escolar não é o único modelo de educação, e esta deverá ser pensada mais a partir das comunidades que serve do que a partir da instituição, de modo que os processos de aprendizagem tenham um papel transformador nas sociedades. Nesse sentido, será necessário: conceitualizar as práticas escolares para que as escolas se assumam como núcleos de redes de aprendizagem, erradicar a segmentação cartesiana e o modelo hierárquico de relação, redefinindo o conceito de comunidade de aprendizagem. Impõe-se clarificar o discurso; fazer ver o que está sendo dito, como Foucault sugeria; uma análise mais atenta de documentos de política educativa. Será preciso definir o objeto em análise, atualizar conceitos.

A par das intervenções realizadas, durante as tarefas desenvolvidas dialeticamente os núcleos de projeto vão construindo o conceito de comunidade de aprendizagem. Esse processo é acompanhado por uma equipe de formadores por meio de videoconferência.

21ª tarefa: utilização de suporte virtual

Acompanhamento do processo de transição e mudança através da realização de encontros virtuais de formação. No decurso desses encontros serão analisados documentos, debatidos conceitos, realizadas algumas intervenções características do trabalho em comunidade de aprendizagem. Parte-se do elenco dos objetivos constantes do projeto político-pedagógico para a verificação da convergência do documento fundador com a prática pedagógica, porque um dos principais objetivos da equipe de projeto será o cumprimento do projeto da escola. E, antes de se iniciar o ano letivo, em que novas práticas serão introduzidas, os membros das equipes de projeto participarão de situações planejadas e avaliadas "em regime de experiência".

Ao final dos encontros virtuais, o núcleo de projeto comunicará à direção da escola e à Secretaria de Educação a decisão de cumprir o projeto político-pedagógico e que precisará de condições específicas do seu cumprimento, condições que a direção da escola e a Secretaria deverão assegurar.

Como reconhecer uma inovação educacional?

> *Como é que os professores justificam que haja alunos que não aprendem, se, desde que nascem, os seres humanos tendem para aprender?*
> Bernard Charlot

Sem o intuito de apresentar um elenco definitivo de parâmetros e critérios de avaliação, aqui vos deixo uma adaptação do protocolo de avaliação utilizado pelo Grupo de Trabalho da Criatividade e Inovação (MEC, 2015). Participei nesse GT e integro o Movimento de Inovação na Educação, aprendendo e partilhando saberes com alguns dos mais notáveis educadores brasileiros. Esse Grupo de Trabalho foi coordenado pela minha amiga Helena Singer e o documento base, feito a muitas mãos, permitiu reconhecer como projetos inovadores, ou com potencial de inovação, um conjunto de instituições, num total de 178 projetos, às quais o MEC outorgou um "selo de inovação".

Recentemente, uma integrante do movimento questionava: *E aquelas escolas que receberam o selo de inovação, ninguém mais vai conversar com elas?* Porque o MEC não cumpriu o que havia assumido e inscrito nos "certificados de inovação", ou porque um novo prefeito não os reconheceu como do seu mandato ou a desastrosa gestão de um determinado secretário de educação lhes causou danos, muitos desses projetos foram extintos. Isso porque os projetos extintos pecavam pela ausência de uma das caraterísticas da inovação: a sustentabilidade.

Não foram criadas condições de desenvolvimento e disseminação dos projetos, a saber: o reconhecimento da autonomia científica, pedagógica e administrativa dos projetos, que poderia ser assegurada através da celebração de "termos de autonomia"; a estabilidade das equipes de projeto, para que a permanente mobilidade não comprometesse o seu desenvolvimento; a constituição de um quadro de especialistas em ciências da educação, a quem competiria o acompanhamento e a avaliação.

Para evitar idênticos erros e futuras omissões, creio ser pertinente contribuir para o debate sobre inovação. Ouso propor um conjunto de ações que possam se constituir em ponto de partida para a construção de um protocolo de avaliação de projetos considerados com potencial de inovação.

Recentemente, Helena disse que *"o chamado feito pelo Ministério da Educação incluiu instituições que se reinventaram a partir de demandas e desafios da atualidade. Entre os critérios para seleção buscaram-se escolas nas quais a inovação era manifestada no espaço físico, na metodologia dos educadores, na relação com a comunidade e na gestão"*. E acrescentou: *"Estamos no século XXI com modelo e critérios para medir a qualidade do século XX"*. Também recentemente, Natacha relatou: *"o que os educadores querem é conversar entre si. Inovação não é um conceito fechado, e quando é verdadeira, também significa transformação"*. Concordo com os depoimentos dessas excelentes educadoras: que esse repertório seja considerado como documento em aberto, objeto de análise crítica, à luz do bom-senso e de uma ciência prudente.

1º parâmetro: desenvolvimento curricular
Critérios
• Produção de conhecimento e cultura: estratégias voltadas para tornar a instituição educativa espaço de produção de conhecimento e cultura, que conecta os interesses dos estudantes, os saberes comunitários e os conhecimentos acadêmicos para transformar o contexto socioambiental.
• Desenvolvimento sustentável: a estruturação de um currículo voltado para a formação integral da pessoa, que reconhece a multidimensionalidade da experiência humana: afetiva, ética, social, cultural e intelectual.

Ações
• Propiciar condições da prática de educação integral na superação de lógicas fragmentárias, integrando as contribuições da diversidade de instituições e agentes educativos locais, religando a educação escolar com a familiar e com a social.
• Criar condições para substituir segmentações cartesianas pela integração curricular e pela prática de metodologia de trabalho de projeto em equipe.
• Considerar a necessidade de contemplar na organização do trabalho escolar três dimensões curriculares: a subjetiva, a comunitária e a da consciência planetária (ou universal), para que a aprendizagem aconteça com o desenvolvimento do pensar, com a formação do caráter e o exercício da cidadania.
• Substituir a reprovação pela prática de uma avaliação formativa, contínua e sistemática, alinhada com a aprendizagem, suprimindo o uso de provas, que pouco ou mesmo nada avaliam.
• Fundamentar as práticas num novo paradigma educacional que garanta a todos os brasileiros o pleno acesso a uma educação integral, uma aprendizagem para além do domínio cog-

nitivo, contemplando o desenvolvimento no domínio pessoal e sociomoral.
- Requerer das escolas a definição de uma matriz axiológica clara, baseada no saber cuidar e conviver, num novo sistema ético, porque os projetos humanos contemporâneos não se coadunam com as práticas escolares que ainda temos.
- Apoiar a redefinição do papel do professor na transição entre o modelo "tradicional" e uma profissionalidade assente na prática da mediação pedagógica, assegurada pelo professor "*designer* educacional", cocriador, através de projetos de produção de vida e de sentido para a vida.
- Exigir que seja respeitada a diversidade na prática de uma gestão curricular diferenciada, constituindo-se a escola em *lócus* de humanização e oportunidade de inclusão.
- Rever criticamente os indicadores tradicionais de avaliação da qualidade da educação; identificar, inventariar e testar indicadores de boa qualidade da educação, base da definição de diretrizes de política pública.
- Deter o agravamento da função seletiva da escola, inclusive através da gradual extinção de provas como o vestibular e o Enem. As evidências de aprendizagem de um portfólio digital, por exemplo, são prova suficiente de capacidade de frequentar o dito "Ensino Superior", enquanto houver separação deste com o ensino considerado "inferior"...

2º parâmetro: sustentabilidade
Critérios
- Ambiente físico que manifeste a intenção de educação humanizada, potencializadora da criatividade, com os recursos disponíveis para uma convivência enriquecedora das diferenças.
- Estratégias que estimulem o diálogo entre os diversos segmentos da comunidade, a mediação de conflitos por pares, o

bem-estar de todos, a valorização da diversidade e das diferenças e a promoção da equidade.
• Sustentabilidade social, econômica, ecológica e cultural. Estratégias pedagógicas que levem a uma nova forma de relação do ser humano com o contexto planetário, a uma nova visão de mundo.

Ações
• Desenvolver educação em espaços de cultura, ciência e arte, considerando que todo o conhecimento (erudito ou popular) é válido e que os saberes não são propriedade individual ou de exclusiva produção em escola-edifício.
• Promover a integração comunitária da escola, entendida como núcleo de uma rede de aprendizagem propiciadora de desenvolvimento local, espaço em que seja fomentada a liberdade de pensamento e de expressão, onde todos sejam estimulados para a descoberta, o questionamento e resolução de problemas, em conjunto com os outros, e onde o sucesso de cada um seja reflexo do sucesso de todos.
• Incentivar a participação das comunidades na gestão dos projetos e nos órgãos de direção das escolas, nomeadamente através de mapeamentos de lugares e pessoas com potencial educativo.
• Viabilizar a formação de equipes de projeto constituídas por professores em regime de dedicação exclusiva e diretamente selecionados pelas escolas em função de um perfil de educador adequado aos valores e princípios constantes dos projetos político-pedagógicos.
• Substituir a educação para a cidadania por uma educação na cidadania, no exercício de uma liberdade responsável, dado que a cidadania é uma técnica de vida e um educador não ensina aquilo que diz, mas transmite aquilo que é.

- Propiciar condições de desenvolvimento local pela prática de um currículo comunitário construído a partir de necessidades, desejos e sonhos da comunidade de contexto.
- Inscrever nos projetos educativos práticas inspiradas na Carta da Terra, no Relatório Delors/Unesco, na Carta das Cidades Educadoras, nos Objetivos do Milênio, nos ODS, na Declaração de Salamanca e em outros documentos orientadores de práticas de desenvolvimento sustentável.
- Assegurar condições de realização pessoal, profissional e social dos professores.
- Assegurar condições para que a escola seja agregadora de comunidades e fator de promoção de desenvolvimento, com espaços de cooperação e solidariedade, onde todos possam fazer as suas aprendizagens, segundo os seus interesses, capacidades e necessidades.
- Apoiar os professores no cumprimento dos projetos político-pedagógicos, nomeadamente na criação de condições de aprendizagem em autonomia.
- Praticar uma efetiva avaliação de desempenho dos educadores, visando a melhoria do seu *munus* profissional e a elevação do seu estatuto social, em processos de avaliação formativa e participada de cada profissional e processos de ajuda mútua no coletivo em que esteja integrado.
- Repensar o papel da Educação Infantil (sobretudo na relação avós-netos), reaproximando gerações, com referência às palavras-chave de uma educação contemporânea – comunidade, rede e círculo –, considerando que os primeiros mil dias de vida de um ser humano são decisivos na construção da sua personalidade.
- Suster decisões demagógicas, sem fundamento científico (p. ex.: coadjuvação em sala de aula, redução do número de alunos por turma...), que a pesquisa educacional demonstrou

serem medidas ineficazes, afirmando a possibilidade de "ser necessária uma tribo inteira para educar uma criança".

3º parâmetro: articulação entre agentes educativos
Critério
• Estratégias intersetoriais e em rede, envolvendo a comunidade, para a garantia dos direitos fundamentais dos estudantes, reconhecendo-se que o direito à educação é indissociável dos demais direitos.

Ações
• Assumir que as escolas são pessoas que agem em espaços públicos, nós de redes comunitárias, incubadoras de projetos de desenvolvimento local sustentável, devolvendo as escolas às comunidades, na partilha da responsabilidade de educar.
• Libertar o professor do gueto da sala de aula e do prédio-escola, no reconhecimento de que o *ethos* organizacional de uma escola depende da sua inserção social, de relações de proximidade com outros atores sociais.
• Conceber novas construções sociais de aprendizagem que integrem as dimensões escolar, familiar e social, contemplando necessidades sociais contemporâneas, a participação ativa de agentes educativos locais, dentro e fora do prédio-escola, contribuindo para a coesão social e erradicando a separação entre educação familiar, escolar e social.
• Garantir a estabilidade das equipes de projeto, para que não sofram o desgaste de uma contínua mobilidade e para que os professores assumam dedicação exclusiva a um projeto.
• Promover pesquisa que identifique, por exemplo, o grau de participação das famílias no cotidiano das escolas ou o grau de participação da comunidade.

- Criar e acompanhar protótipos de comunidades de aprendizagem, tendo por referência uma política de direitos humanos, que a todos garanta igualdade de oportunidades educacionais e de realização pessoal.
- Apoiar e avaliar redes de projetos inovadores e disponibilizar condições para a criação de redes de escolas envolvidas em processos de mudança educacional sustentável.

4º parâmetro: gestão
Critério
- Corresponsabilização na construção e gestão do projeto político-pedagógico. Estruturação do trabalho da equipe, da organização do espaço, do tempo e do percurso do estudante com base em um sentido compartilhado de educação que orienta a cultura institucional e os processos de aprendizagem e de tomada de decisão, garantindo-se que os critérios de natureza pedagógica sempre prevaleçam sobre os critérios de natureza administrativa.

Ações
- Assegurar o efetivo cumprimento dos projetos político-pedagógicos. E que estes sejam, efetivamente, políticos, isto é, que em sua concepção se escute a *polis* e no projeto se contemple necessidades, problemas e potenciais da população que a escola serve.
- Analisar criticamente o conteúdo dos projetos para verificação da coerência com as práticas.
- Promover práticas efetivas de gestão democrática.
- Constituir conselhos de projeto, integralmente formados por educadores, para que as tomadas de decisão sejam fundamentadas em contributos das ciências da educação.

- Assegurar o efetivo cumprimento da Lei de Diretrizes e Bases da Educação Nacional, rever legislação complementar e regulamentos, para verificação da sua coerência com a lei fundamental.
- Extinguir estruturas autocráticas e burocratizadas, bem como o "dever de obediência hierárquica".
- Acatar o princípio de que aquele que cumpre funções de gestão deve desempenhá-las em espaços de aprendizagem, e não em contextos de alheamento da realidade que pretenda gerir.
- Cessar a descontinuidade das medidas de política educativa.

5º parâmetro: metodologia
Critério
- Estratégias pedagógicas que permitem ao estudante expressar sua singularidade e desenvolver projetos de seu interesse, que impactem a comunidade e que contribuam para o seu desenvolvimento.

Ações
- Reconfigurar as práticas escolares, conferindo-lhes fundamento na lei e numa ciência prudente, com referência ao paradigma da comunicação.
- Esperar das escolas uma participação ecológica, em equipe interdisciplinar, integrada de psicólogos, terapeutas, sociólogos, pedopsiquiatras e agentes educativos locais.
- Dotar as escolas de especialistas em alfabetização linguística e lógico-matemática e afirmar a possibilidade de uma formação inicial e contínua baseada em princípios diferentes daqueles que vêm sendo praticados.
- Exigir o acesso à formação continuada de boa qualidade, na qual o professor não seja considerado objeto de formação,

mas sujeito em autoformação, no contexto de uma equipe e de um projeto de reelaboração cultural.

• Melhorar a formação inicial dos profissionais do desenvolvimento humano, devendo a universidade prescindir de práticas incompatíveis com necessidades educacionais do nosso século, dispensando-se o recurso a aulas expositivas e outras práticas destituídas de fundamento científico.

• Apoiar a realização de estágios no contexto de práticas inovadoras, propiciando a reelaboração da cultura pessoal e profissional dos professores.

• Desvincular a formação da participação em cursos e outras modalidades de formação caraterísticas do modelo educacional da escola da modernidade.

• Dispensar a importação de modelos de ensino, optando pelo recurso à herança pedagógica brasileira que os professores brasileiros desconhecem.

• Gradualmente, dispensar o recurso à "educação de jovens e adultos" e a outros "arranjos supletivos" através da prática de uma educação inclusiva que garanta o efetivo cumprimento da Constituição e da Lei de Diretrizes e Bases da Educação Nacional.

• Fazer um uso racional das novas tecnologias de informação e comunicação, para que estas não sejam meros paliativos do paradigma da escola tradicional.

• Contribuir para a dignificação do exercício da profissão de professor através da elevação de salário – isso será viável se forem tomadas medidas de política educativa limitadoras de desperdício – e instituir salário igual para todos os professores, por não existir justificação para o fato de, por exemplo, um gestor educacional receber um salário superior ao do professor e por não estar provado que a acumulação de tempo de serviço significa melhoria no desempenho da profissão.

- Também convirá, por exemplo, suster o desperdício da "aquisição de um laptop por aluno", ou da instalação de lousas digitais em espaços onde se continue a "dar aula". Pesquisa recente realizada no Reino Unido concluiu que, em vinte anos de utilização de lousas digitais, estas não contribuíram para melhorar a qualidade da educação.

Pseudoinovações

> *A pedagogia scientífica condemna por inefficaz e nociva à formação intellectual do alumno a velha idéa de que aprender é, quasi exclusivamente, decorar. Sobrecarregar de nomes e datas a memoria da creança, mesmo sem que ella compreenda as mais das vezes absolutamente nada: tal a preoccupação dominante de muitos que se julgam aptos para a diffícil missão de ensinar [...] Quantas escolas, hoje ainda, não lembram ao transeunte aquellas da antiga Roma, em que os alumnos repetiam em côro a lição de arithmetica: "Um e um, dois; dois e dois, quatro". – Horrível estribilho, diz Santo Agostinho, que guardava de seus primeiros estudos desagradável impressão.*
> J. Serrano, 1917.

O que pode ser considerado inovação? O que não é inovação? Enquanto buscamos respostas, questionemos pseudoinovações.

Em sua visita ao Panamá, em janeiro de 2019, o Papa Francisco deixou um recado: *"As novas gerações exigem dos adultos uma conduta que demonstre que o serviço público é sinônimo de honestidade e de justiça, contrapondo-se a qualquer forma de corrupção"*. Oportuno recado! Já em 2010, uma pesquisa alertava para o elevado grau de corrupção endêmica no sistema educativo brasileiro. Uma corrupção que não se restringe à ação de máfias da merenda ou do transporte. Nem apenas àquela que enche os cofres de sistemas de ensino e de empresas fornecedoras de computadores.

Milhares de laptops apodreceram, sem serventia, guardados em armários, enquanto outros se transformaram em lixo digital e jazem inertes nos ditos "laboratórios de informática". A corrupção também é sindrômica. É corrupto todo o comportamento antiético. A corrupção não é de mera ordem moral, é também de natureza ética. Immanuel Kant diz-nos que "*o ser humano terá de agir corretamente 'por dever', não meramente 'conforme o dever'*". E o sistema educativo sofre de uma sutil corrupção dos cientistas da educação.

"Existe realmente ciências da educação"? – perguntou-me alguém em um congresso. Expliquei que há cursos de licenciatura, mestrados e doutorados nessa área. São formações em que, para além da Pedagogia, se estuda Sociologia da Educação, Epistemologia, História e Filosofia da Educação, Neurociências, Teoria de Currículo, várias psicologias (da cognição, da aprendizagem, da memória...) e muitas outras disciplinas. E, por isso, é insuportável e obsceno o silêncio dos cientistas da educação perante os desmandos de gestores, empresários e políticos sem escrúpulos.

Ciclicamente, com a mudança de orientação política, muitos dos melhores projetos em curso nas escolas brasileiras são extintos. O prédio que albergava uma escola com projeto inovador virou colégio militar, oferta da Secretaria de Educação. A equipe de projeto foi destruída e os professores foram dispersados por nove escolas. Os alunos foram transferidos para outras escolas da região. Apenas famílias com melhores condições econômicas mantiveram os seus filhos matriculados no que se passou a chamar "colégio militar". Para tal, tiveram que pagar mais de mil reais em uniforme e material escolar. O que era público e gratuito virou mercadoria.

Outros projetos, que o MEC reconheceu como inovadores, foram extintos sob pretexto de serem caros. Mas os técnicos das secretarias não souberam dizer, por exemplo, qual é o custo aluno-ano no seu município...

Se, no contexto da escola dita pública, reina o desperdício, na economia de mercado surgem indícios de atividade lucrativa. Isso mesmo: aquilo que, no setor público, é gasto inútil, na iniciativa privada é considerado investimento. A comunicação social tem sido pródiga em notícias deste tipo:

> *Uma empresa comprou 80% do capital de uma escola de São Paulo por 34,4 milhões de reais. Do rol de compras consta ainda a aquisição de 5% do capital social de uma escola do Rio de Janeiro, por 7,75 milhões, bem como a aquisição de uma participação minoritária numa escola de Belo Horizonte.*

A compra de escolas particulares com fama de "boas escolas" é um fenômeno mais ou menos recente. Por que será?

Acompanhei uma discussão no Facebook:

> *Com raras exceções, onze em cada dez pais querem para seus filhos a educação do passado, a tal do "ensino forte", que reprova o "aluno burro", desde que, claro, não seja o seu filho. Porém, aquilo que até há poucos anos era fenômeno residual, agora o é das escolas com a etiqueta de "alternativas"...* Eu completo: as *"alternativas"* começam a ser objeto de desejo de investidores que identificaram o imenso potencial de expansão de algo que, antes, era nicho de famílias *bicho-grilo*.

Apesar dos receios expressos por bons e preocupados educadores, não creio que vá mudar o enfoque pedagógico das escolas onde foi investida uma *grana preta*. Se tal acontecesse, os investidores correriam o risco da debandada de famílias que desejam o que essas "boas escolas" oferecem.

Em *outdoors* e na comunicação social, as ditas "boas escolas" atraem clientes propagandeando que adotam "novos métodos" que as sucateadas escolas da rede pública não praticam. Quase todos os professores das escolas particulares fazem "bicos" na rede pública. Esses professores adotam "métodos" baseados na filosofia de Steiner, no modelo montessoriano e em outras propostas centenárias...

Queria entender isso: se recorrem a esses "métodos" nas manhãs do seu emprego nas escolas particulares, por que razão não praticam os mesmos "métodos" nas tardes nas escolas da rede pública? Cuidado com as imitações! Porque há inovações, mas também há equívocos.

A educação não é para amadores. Conheço um indivíduo que adora elaborar *rankings* de escolas. Cedo se iniciou nessa admirável arte de hierarquizar. Ainda imberbe, sentiu-se atraído pelas classificações dos campeonatos de futebol, daí passou aos concursos das misses, entreteve-se a elaborar tabelas de várias competições, até que, já adulto, elabora *rankings*, crente de que uma prova avalia e de que as "boas escolas" são aquelas cujos alunos apresentam melhor desempenho em testes estandardizados. Um engano de alma ledo e cego, ingenuidade que qualquer compêndio de uma nova educação não deixa durar muito.

Quem possuir alguns rudimentos de docimologia saberá quão falíveis são as provas e como são prejudiciais os seus efeitos. Mas há quem se entretenha em ordenar escolas em função dos resultados alcançados pelos alunos em exames de acesso à universidade, ignorante de outros modos de avaliar.

O *rankismo* é uma praga, um equívoco comprometedor da melhoria da qualidade da educação. As escolas se mantêm coniventes com o estímulo da competitividade. Velhos dogmas cercearam a responsabilidade cidadã e um Estado burocrático impõe um sistema de ensino centralizado, estruturas curriculares rígidas e modos de organização do trabalho escolar obsoletos. A pseudoavaliação, que ainda se faz em muitas salas de aula, inspira-se na mesmice de um modelo epistemológico falido; apenas age como instrumento de darwinismo social.

Lemos notícias de esgotamentos nervosos, de alunos ingerindo calmantes (ou estimulantes) antes dos exames. Escutei de alguém essa frase: "Sempre haverá quem reprove". Eis como a criminosa "naturalização" do insucesso se pereniza no apelo ao mais feroz *individualismo, à competição desenfreada.*

Cada criatura desperdiça o seu tempo como lhe apraz. E nenhum mal daí viria ao mundo se um "ranquista" não fosse considerado "especialista" em educação e não fizesse uma divulgação maciça de tolices como concursos de "Professor nota 10", ou de "Melhor professor do mundo". Mas, no reino da Educação destacam-se ridículos e nefastos especialistas do *marketing* educacional.

Uma capa de revista ostentava um sugestivo título: *Conheça as melhores escolas para o seu filho.* Mas, quais são as melhores escolas, o que são "boas escolas"?

"Especialistas" e jornalistas, para os quais as ciências da educação são ciências ocultas, passam para a opinião pública uma imagem simplista e deturpada do cenário educacional, produzindo propaganda enganosa. Entre o vestibulinho e o vestibular, muitas ditas "boas escolas" produzem aparências de aprendizagem e bonsais humanos. Quantos conteúdos da decoreba dos cursinhos se transformam em conhecimento ou competência após o Enem? Quantos conformistas são produzidos nas "boas escolas", que vão ocupar as cadeiras do poder, incapazes de uma postura humanista e inovadora?

"Ranquistas" manipuladores da opinião pública criam bancos de itens, para que os professores intensifiquem a aplicação de testes, horas a fio em preparação para exames. Perante notas deprimentes, pugnam por mais aulas de reforço (lamentáveis subprodutos de uma prática pedagógica lamentável), "com o intuito de melhorar o desempenho dos alunos". E até há quem afirme que se deverá aplicar mais provas, ignorando que, na forma da lei e da ciência, a avaliação deverá ser formativa, contínua e sistemática.

Num congresso recente, orgulhosa, uma secretária de educação dava notícia de ter introduzido no seu sistema de ensino uma "inovação". As salas de aula iriam ter "cantinhos": o cantinho da leitura, o cantinho dos computadores, o cantinho da matemática... E que haviam adotado o que designou como um novo método, o "Método de Decroly".

No início do século XX, o médico Decroly criou os chamados "centros de interesse". Era um inovador do seu tempo e nunca ousou sistematizar aquilo a que chamam "método", por considerar que a sua proposta deveria estar em construção permanente. Mas, inovação pressupõe ineditismo, utilidade social, replicabilidade, sustentabilidade, critérios ausentes das propostas e das práticas da maioria dos projetos considerados "inovadores".

Em tempo de transição paradigmática, em que as práticas inovadoras escasseiam, um editorial de um jornal de grande circulação nos diz que *"se esgotou o tempo para teorias inócuas sem propósito e condescendência pedagógica no ensino público"*. Estou plenamente de acordo: urge suster experimentalismos e reformismos, de modo a assegurar o efetivo direito à educação de todos os cidadãos. Porém, estranhei que o editorialista sibilinamente acrescentasse que *"a base do aprendizado tende a ganhar qualidade se deixar de lado modismos e valorizar leitura e matemática"*.

O jornalista não informou onde teriam sido efetivamente praticados tais *modismos*, nem quais as escolas que teriam deixado de *valorizar leitura e matemática*. O editorial fazia eco à entrevista dada por um ex-ministro num discurso rasteiro de senso comum pedagógico, incorrendo no equívoco de atribuir os males do sistema a uma *"pedagogia romântica"*, que ninguém praticou, que nenhuma escola adotou, que nem o editorialista sabe dizer qual é.

Nem ele nem o ex-ministro reconhecem o fato de, nesses desvairados tempos, as ciências da educação ainda não terem logrado influenciar as práticas das escolas. Desde há séculos, as escolas privilegiam o ensino do português e da matemática, em detrimento de todo o currículo restante. Nem as propostas de há mais de cem anos, de Dewey ou de Montessori, foram assimiladas.

Há jornalistas especializados em economia, política e até com especialização em futebol, mas não em educação. É lamentável que uma *mídia* irresponsável reproduza disparates proferidos por adeptos do regresso ao passado. No presente caso, um ex-ministro de frágil formação pedagógica, que confunde avaliação com classificação e produz pérolas desse tipo: *"Projetos podem e devem ser multidisciplinares. Mas isso é muito negativo se destrói as disciplinas [sic]".*

Meditemos sobre mais este episódio exemplar:

> Quanto eu aprendi naquela reunião! A partilha de conhecimento acontecia naturalmente entre professores, que desenvolviam projetos reconhecidos como inovadores pelo Ministério da Educação. Da agenda constava a apresentação de uma proposta de protocolo de avaliação de projetos considerados inovadores. Uma senhora apresentada como "especialista em currículo" ordenou a uma subordinada que desse início à sessão de PowerPoint. Rendidas as devidas homenagens pelos seus inferiores, a "especialista" passou a conduzir os trabalhos, lendo *slides*, numa sequência monótona e repleta de equívocos.
>
> Ao meu lado, um professor de uma das equipes de projeto suspirava de tédio, pois já deparara com vários disparates com chancela de cientificidade, que nenhum dos presentes ousara comentar. Não se conteve quando a dita especialista referiu como critério de avaliação do projeto o "índice de reprovação". Respeitosa e pertinentemente, questionou: *A senhora admite que projetos inovadores naturalizem o insucesso, que se reprove? Na nossa escola, acabamos com segmentações. Por isso, não se reprova.*
>
> Do alto do seu doutorado, sem disfarçar a irritação, a "especialista" interrompeu: *Senhor professor, as outras escolas não são como a vossa! Não podemos exigir mais dos professores. Eles não sabem trabalhar de outra maneira. O senhor não pode impor as suas teorias aos outros!*

Não agradou ao professor que alguém tratasse outros professores com condescendência. E respondeu que não se tratava de teorias, mas de práticas transformadoras, desenvolvidas em escolas onde arcaísmos como a reprovação deram lugar a uma avaliação formativa, contínua, sistemática.

Um esgar de desagrado e desdém atravessou a face da "especialista". Ignorou a interpelação e passou a ignorar a presença do professor.

A apresentação prosseguiu até ao momento em que a "especialista" prescreveu que fosse feita observação de aulas. Após escutar o enésimo absurdo de idêntico teor, o professor perguntou: *Em que século estamos, minha senhora?*

Ela respondeu com ironia e sarcasmo: *Não queira parecer original! Terá de ser, mais ou menos, assim! E agradeço que não me interrompa!*

Observador atento, fui mais fundo na compreensão do drama daquela "especialista", cativa de um modelo de escola que apenas admite uma prática pautada no "mais ou menos". Vivemos, mais ou menos, submetidos às decisões de "especialistas em currículo", que consideram os professores mais ou menos incapazes de compreender e ainda menos de fazer diferente, de inovar.

Abundam pseudoinovações:

Era uma vez... um diretor ambicionava dar um tablet a cada aluno. E foi notícia de destaque. Diz que *"não pararia enquanto não conseguisse ter um tablet por aluno [...] pugna para que "em dois anos não haja manual em papel, enchendo as mochilas dos meninos". E fez questão de justificar: "O manual vai estar sempre na biblioteca, mas o meu grande objetivo é que cada criança tenha um tablet". Posso ficar feliz se começarmos com os inícios de ciclos: primeiros, quintos, sétimos e décimos anos. Todos têm de ter um tablet [...] "também é muito importante, nas salas de aula, não mandar embora os quadros à antiga".*

Não duvido das boas intenções do diretor. Libertar os jovens do peso nas mochilas é uma nobre intenção, mas não é válida a justificativa. É irrelevante a substituição do quadro-negro pela lousa digital, é inútil equipar salas de aula com recursos informáticos ou dotar cada aluno com um tablet. Se essas medidas não forem acompanhadas de uma reconfiguração das práticas, pouco ou mesmo nada alterarão no rendimento acadêmico, que dizem beneficiar.

Presumir que o desejo do diretor possa constituir-se em paliativo de um modelo escolar cartesianamente segmentado em *primeiros, quintos, sétimos e décimos anos* é pura ingenuidade. E não será suficiente *mandar embora os quadros à antiga,* se os antigos rituais se mantiverem. Numa sala de aula, com ou sem lousa digital, pouco, ou mesmo nada, se aprende. Uma pesquisa recente, realizada no Reino Unido, é prova disso.

O nosso diretor exclama com orgulho: *"Fomos das primeiras escolas a ter o cartão, a ter os sumários digitais. As faltas iam e vão logo para a secretaria",* na presunção de que *sumários digitais,* ou o controle digital de presenças, possa ser fator de melhoria da ensinagem. À luz da produção científica no campo da educação, é descabido manter a expressão "sala de aula" no discurso pedagógico (e respectivos sumários). Falemos, antes, de espaços de aprendizagem, de espaços de convivência reflexiva, de que as escolas carecem.

Reflitamos sobre competências-chave do século XXI: interagir em grupos heterogêneos da sociedade, agir com autonomia, usar ferramentas interativamente, competências que, dificilmente, o modelo de ensino convencional reproduzido em "sala de aula" logra desenvolver. E sigamos o raciocínio de um diretor, que está colocando em prática mais um projeto, chamado "salas do futuro":

"Os tablets *têm um software que se aplica a Matemática, Português e Estudo do Meio, e são essas disciplinas que podem*

ser trabalhadas com esse suporte digital. Os alunos têm de responder às perguntas, consoante o ano e a disciplina em que estão. Em forma de jogo. Depois veem se acertam ou não. Há que tornar o ensino divertido!" Certamente imagina que os docentes com *"formação específica vão passar por essas salas, com os alunos, pelo menos uma vez por semana"* [sic], para congelar aulas em computadores – apenas do restrito currículo de *Matemática, Português e Estudo do Meio* –, que os alunos *skinerianamente* irão consumir, convertendo a escola num cassino onde os jogadores (leia-se: alunos) se divertem.

O diretor surpreende até o mais sábio pedagogo, quando pretende justificar outra das suas decisões:

Todos os meus alunos entram às 08h25. Ninguém sai depois das 17h00. Quero que tenham pelo menos duas tardes livres. Sibilinamente, questiona: *Quem é que aprende matemática à tarde? Ou português?*

É admirável a sua convicção, mas as suas decisões não podem ser tomadas com base em crenças; deverão ser fundamentadas na ciência. Alguma vez o diretor se terá perguntado por que razão (científica) todos os alunos devem entrar às 08h15 e sair antes das 17 horas? Ou por que todos têm de entrar ou sair no mesmo horário? Saberá que aprendemos 24 horas por dia? E que, à tarde ou à noite, também se pode aprender matemática e português?

Para mitigar os efeitos da "aula" (convencional ou digital) o diretor criou *"um centro de explicações interno na escola"*:

"Quem quiser pode ter aulas-extra de matemática e português. Começou pelo 7º ano".

Não nos informa do porquê de começar no 7º ano. Nem se apercebeu, certamente, de que está dando aos alunos mais do mesmo: aulas. E criou *"de raiz [sic] outro projeto: uma classe-extra, que, durante seis semanas, funciona com cinco alunos de cada turma do respectivo ano.*

> *É a Classe Mais. Existe do 6º ao 9º ano nas disciplinas de Inglês e Matemática. E será sempre formada por grupos homogêneos em termos de aproveitamento escolar; podem ser os cinco melhores alunos de cada turma, nas seis semanas seguintes os extraídos podem ser os cinco com maiores dificuldades, de maneira a potenciar a aprendizagem.* Acresenta: *Disciplinas como História, Geografia e Ciências passaram aqui a ser semestrais. Os alunos não têm de estudar para tantas disciplinas ao mesmo tempo. Concentram-se mais na História porque na Geografia só terão no semestre seguinte. Diminuiu a ansiedade dos alunos em relação ao número de testes.*

É comovente a ingenuidade do diretor. Não se apercebe de que as palavras produzem e reproduzem cultura: *classe-extra, turma do respectivo ano, grupos homogêneos...* Não compreende a origem da *ansiedade* ou que *os extraídos com maiores dificuldades* são produto de uma escola ancorada num modelo epistemológico do século XIX, século em que fazia sentido falar de classe, turma, horário de entrada e saída, semestre, aula...

Os equívocos do "revolucionário" diretor (é assim que o jornalista o considera) estendem-se por mais alguns parágrafos da "revolucionária" notícia, dando-nos conta da indigência pedagógica em que as escolas continuam atoladas. Modelos de ensinagem obsoletos se reforçam e prosperam, onde urge conceber novas construções sociais de aprendizagem, recriar o espaço e o tempo de aprender, fazendo uso de novas tecnologias a serviço da humanização da escola, promovendo a partilha de conhecimento e a inclusão social. Haja paciência!

Se a produção de conhecimento acontece na relação e na atribuição de significado a um objeto de estudo, no contexto de comunidades, deveremos estar atentos a imitações. Na página de um ministério da educação na internet, encontramos referências àquilo que chamam "Comunidade de Aprendizagem":

> *As Comunidades de Aprendizagem não pretendem ser mais uma resposta, mas a resposta inclusiva que, para além de buscar o sucesso educativo, tem como base a participação da família e da comunidade em geral nas mais diversas dimensões: informativa, consultiva, decisória, avaliativa e educativa. A construção de Comunidades de Aprendizagem pressupõe a apropriação dos princípios da Aprendizagem Dialógica (Diálogo Igualitário, Inteligência Cultural, Transformação, Dimensão Instrumental, Criação de Sentido, Solidariedade e Igualdade de Diferenças), nos quais a comunidade se irá alicerçar para que a transformação aconteça e se abra espaço para a implementação das Ações Educativas de Sucesso, em função das necessidades da comunidade em geral.*

Discurso formalmente correto, decalcado de uma produção teórica irrepreensível, necessitando de legitimação da prática. Apesar de estar fundamentado numa proposta com alguma coerência teórica, talvez não passe de mais um paliativo do velho modelo instrucionista. Escutemos protagonistas desse projeto:

> *Entre a nomenclatura e a prática, vai uma grande distância [...] a escola onde andam os nossos filhos é uma das onze escolas. E posso assegurar que pouco ou nada tem a ver com uma Comunidade de Aprendizagem [...] mas é exatamente assim, não muda nada [...] decorrido um ano, foi tudo tão insuficiente e pobre que receio bem que sirva apenas para dizer que estão fazendo alguma coisa, mantendo as questões de fundo intactas, intocáveis [...] nenhum professor desse projeto quis fazer parte do nosso núcleo de projeto com 12 pais [...] quando convidados a se juntarem a nós, disseram-se pressionados [...] é uma proposta de formato fixo, com muitos conteúdos já estabelecidos [...] opto por outro processo de Co-*

munidade de Aprendizagem, outra vivência coletiva, outra transformação.

Os ministérios não resistem a "novidades". Ao adotar mais uma moda pedagógica, provavelmente o Ministério da Educação estará alimentando mais uma ilusão de mudança.

Inovar é sempre entrar em conflito com estruturas, hábitos e preconceitos. Mas, inovação é uma palavra banalizada. Empresas de educação a ela recorrem, na publicidade da introdução de novas tecnologias nas salas de aula. Nos Estados Unidos, uma escola criou "sala calmante" para aliviar tensões. A ridícula "inovação" foi financiada por uma empresa parceira, que participou da elaboração do conceito da sala calmante com a ajuda de psicólogos, médicos especializados e dos próprios alunos e professores, porque também poderão se refugiar ali, de vez em quando...

Em Portugal, professores recebem prêmios porque dão aula de meditação, para que os alunos aceitem fastidiosas aulas. E a horta da escola secou, porque o estagiário introdutor dessa "inovação" foi embora e "levou o projeto para outra escola".

Como poderemos falar de inovação na educação, quando ainda temos alunos do século XXI sendo ensinados por professores do século XX, com práticas do século XIX? O que temos nas escolas é a prática generalizada do modelo instrucionista misturada com resquícios de práticas do paradigma da aprendizagem, circunscritas a escolas particulares e raramente em escolas de redes públicas de ensino. Ou seja, a origem daquilo que vem sendo considerado inovador no sistema educativo remonta a modelos criados há mais de cem anos.

No meu deambular pelo chão das escolas, visitei uma escola "inovadora", servida por professores consumidores de congressos de educação 3.0, ou 4.0, inundada de computadores, uma escola com direito a destaque em revistas, blogues e sites educacionais:

Aqui, trabalhamos por projetos – apressou-se a dizer a simpática diretora. Fez-me sentar junto de um aluno, para que eu visse "o projeto que ele fez", e lá se foi. Perguntei à criança por que estava fazendo um projeto. Respondeu: *"É que na semana passada a senhora diretora foi à minha sala e disse que nesta semana vinha para cá um senhor para nos ver fazendo projetos".*

Contive o riso e continuei: *"Qual é o teu projeto, meu jovem?"*

"É sobre o tubarão" – respondeu.

"Então, tu quiseste estudar o tubarão..."

"Não, tio. Eu não queria estudar o tubarão".

"Não quiseste estudar o tubarão e estás estudando o tubarão? Explica, por favor".

"O tubarão é um tema, tio. Na semana passada, a tia disse que nós íamos fazer projetos. E que vinha para a escola um senhor para nos ver fazendo projetos. Perguntou o que nós queríamos estudar. Eu queria estudar robótica. Mas ela fez uma votação. A maioria da turma queria estudar o tubarão. Aí, a tia disse que o tema era o tubarão. E que era para todo mundo".

"Compreendi. E, agora, o que estás fazendo?"

"Estou fazendo pesquisa. Já fui ao site que a tia mandou. Agora, estou pesquisando num livro que a tia mandou ler".

A esperança, que em mim esmorecera, reacendeu-se: *"Posso ver?"*

O jovem abriu o caderno e eu li: *"Pesquisa: O tubarão não pode parar de nadar, conforme a gravura anexa".*

Interrompi a leitura e perguntei: *"Onde está a gravura anexa?"*

"Está no livro".

"Se está no livro, mas não está neste caderno, por que escreveste no caderno 'conforme a gravura anexa'?"

"Porque é o que está no livro..."

Agradeci a amabilidade do jovem e, pesaroso, afastei-me. Aquele aluno não estava fazendo um projeto, não estava aprendendo. Esteve consumindo currículo estéril num site qualquer e estava copiando de um livro informação inútil. Estava perdendo tempo. Soube, mais tarde, que essa escola recebeu um prêmio pelo seu "Faz de conta da 'pedagogia dos projetos'" e por "Fazer uma educação 4.0".

Episódio lamentável. Pobres crianças, feitas "monstrinhos de tela", consumidoras de currículo prescrito, cobaias de aprendizes de feiticeiro, que usurparam o espaço do debate sério. Deslumbrados com os prodígios de tanta tecnologia disponível, acham – porque os amadores "acham" e quem é debutante não sabe fundamentar o que afirma – que invenções recentes no campo da computação poderão constituir-se em inovação. E brincam com coisas sérias. Brincar é a coisa mais séria que há na vida, mas repito: a educação não é para amadores.

Organizações consideradas promotoras de inovação são lideradas por titulares de cursos de administração de empresas e por técnicos de *marketing*. Consultei a lista de palestrantes do dito "maior evento educacional do ano". Encontrei especialistas em administração, gestão de empresas, *design* de produtos e fabricação de móveis, publicidade e propaganda, informática, direito, finanças, varejo e serviços, ciências do consumo aplicadas, executiva e *head* de inovação (seja lá isso o que for...).

Quando assisto a palestras sobre inovação, preocupo-me com o fato de os palestrantes não acrescentarem ao discurso algo que é indispensável: que tudo aquilo que transmitem numa palestra não pode ser concretizado numa escola segmentada, herdeira de práticas sociais do século XIX. Certamente, não terão conhecimento de obras e autores fundamentais para poderem adentrar os complexos meandros das ciências da educação. Provavelmente, nada terão lido algo de autores como Lauro, Vygotsky e Bruner, da Psicologia da Educação; Agostinho ou Rubem da Filosofia da Educação; o Nóvoa, da História da Educação; um Florestan, um Bourdieu ou um Giroux da Sociologia da Educação; um Stenhouse, da Teoria Curricular; os mestres Freire, Morin ou Maturana, da Epistemologia; o Castells ou o Papert das Tecnologias de Informação e Comunicação; Anísio, Nilde, Montessori ou Steiner, da Pedagogia; um Darcy da Política educativa; o Lévy, da Cibernética; o Damásio, das Neurociências; uma Nise, da Psiquiatria; o Janine, da Ética; o zoólogo Piaget; o Rogers, da Psicanálise; a Ecologia de um Capra; a Praxeologia de Freinet... Sobretudo, nunca terão tido oportunidade de conhecer um chão de escola onde a inovação efetivamente acontece.

Como se já não bastassem psicólogos que publicam livros de autoajuda, avidamente consumidos por professores inseguros, médicos "dão formação" sobre neuroeducação a professores de... sala de aula. Titulares de diplomas de Direito decidem em áreas tão complexas e que exigem profundo conhecimento como a da alfabetização. Diplomados em Economia introduzem o *e-learning*... em sala de aula. Filósofos discorrem sobre computação ubíqua... em sala de aula. Comunicadores proferem palestras sobre "inovação", recuperando pedagogias fósseis, como a do "aluno no centro do processo de aprendizagem". E os professores as reproduzem em situações de ensino... em sala de aula.

Inovação em sala de aula?

> *As pessoas não têm notícia de que é possível organizar uma escola sem as carteiras enfileiradas de frente para uma lousa, sem as salas de aula, sem os corredores, sem as aulas de 50 minutos, por disciplina.*
> *Elas estudaram em escolas assim, seus filhos estudam em escolas assim, o nome escola já remete a esse formato.*
> *Então, é fundamental divulgar novas referências, organizações que garantem os processos de aprendizado em estruturas que dialogam mais diretamente com os desafios do século XXI.*
> Helena Singer

O Movimento de Inovação na Educação nos diz que "*inovar na educação é pensar novos conceitos, estruturas e metodologias para o ensino-aprendizagem, buscar diminuir as desigualdades sociais, desenvolver os alunos de forma integral, pensar o processo educativo de forma coletiva e dialógica e, acima de tudo, oferecer educação de qualidade*". Sugere a consulta das obras de pensadores, que se "*dedicaram a pensar modelos educacionais mais alinhados com as rápidas mudanças da sociedade*". E acrescenta que o trabalho desses eminentes pensadores "*podem estimular, provocar e fazer refletir sobre como é possível desenvolver práticas pedagógicas inovadoras dentro e fora da sala de aula*".

A frase faria sentido e a informação seria útil se o ponto-final fosse colocado após a palavra "inovadoras". Ao acrescentar a expressão "sala de aula", parte-se do pressuposto de que escola é um prédio e que, dentro (ou fora) desse prédio poderá acontecer inovação, no modelo educacional, que tem por dispositivo central a aula. Eis o cerne da questão!

Quando se debate inovação no contexto da escola, de que escola estamos falando? Quando escutamos a palavra "escola", o que nos vem à mente? Qual a representação mental que se nos apresenta? Um prédio? Salas de aula? Professores, alunos, funcionários? Ano letivo, série, semestre, prova...?

Escolas não são prédios onde se "dá aula". Escolas são pessoas! Pessoas que aprendem em múltiplos espaços e em diferentes tempos. Pessoas que aprendem com outras pessoas, desde que elaborem projetos e disponham de mediadores e de instrumentos de recolha de informação, e que, transformando a informação colhida em conhecimento útil, contribuem para a sustentabilidade da *polis*.

Um respeitável blog nos diz que *"inovar é trazer a realidade para dentro da escola, e que é preciso sair das caixinhas e trazer a interdisciplinaridade para dentro da escola [...] e trabalhar junto com o conteúdo curricular"*. Nesse sentido menciono este fato: no decurso de uma palestra dirigiram-me mais uma daquelas perguntas, recorrentes nos mais de quarenta anos de encontros com professores: *"Mas, se você precisasse escolher, qual tipo de aula daria, uma aula expositiva, ou uma aula baseada em metodologias ativas?"* Compassivo, respondi que metodologias ativas são incompatíveis com sala de aula. E concluí que elas nos mostram que não é falando que a gente se entende, mas se desentende... É falando de inovação que a gente se desentende, porque o debate tem sido viciado. Os debatedores partem da crença de que escolas são prédios compostos de salas de aula, onde professores tentam ensinar alunos, que pouco, ou mesmo nada aprendem.

Em outro site, um "especialista" deu uma resposta "técnica" a professores que buscavam esclarecimento:

> Quantos alunos caberiam em uma sala de aula com as dimensões abaixo?
>
> Largura: 5,96m. Comprimento: 6,10m.
>
> Melhor resposta: 5,96m x 6,10m = 36,356m². Daí faz a regra de três: 1 aluno - 1m² x alunos - 36,356m² x = 36,356 alunos.

Poderá existir quem não acredite, mas a resposta continuou a ser dada do seguinte modo:

> Vamos considerar também qual o tipo de mesa e cadeira, nesse caso, a cadeira e a carteira com os seguintes dimensionamentos: Assento: 51cm de profundidade e 43cm de largura, em medidas normais; Mesa: 40cm de profundidade e 60cm de largura, em medidas normais. Com estes dados, calcularemos o espaço que essas duas peças de imobiliário ocuparão.
>
> Vamos calcular tudo: 60cm de largura da carteira + 25cm de cada lado 60cm + 25 x 2 = 60 + 50 = 1,10cm.
>
> 51cm de profundidade da cadeira + 40cm de profundidade da carteira + 40cm de espaço de circulação atrás da cadeira 51cm + 40cm + 40cm = 131cm. Considerando que, quando a cadeira for projetada para baixo da mesa (30cm) quando alguém estiver sentado, esta liberará 21cm de espaço para circulação atrás, que somados aos 40cm já previstos, totalizarão 61cm, o que não é interessante, pois fica maior do que a circulação lateral. Diminuiremos então, de 131cm, 21cm, onde teremos finalmente o resultado esperado. 51cm + 40cm + 40cm = 131cm - 21cm = 111cm. Quer dizer, teríamos espaço para 30 alunos, mas... e o professor?
>
> Sua sala é quase quadrada e não sei onde se situa a porta, mas vamos considerar que ela esteja na face maior 6,10m de comprimento, em um dos cantos. Dessa forma teremos que reservar pelo menos 2m desse comprimento para circulação

> do professor, de modo a ter um ângulo de visão favorável para toda a turma, além de dispor armários, quadros para projeção e/ou negro/branco, inclusive mesa do professor, que geralmente é maior, e seu assento.
>
> Vamos calcular novamente: 2m x 5,96m = 11,92m². Este será o valor subtraído da área total da sala, 36,35m².
>
> Temos então: 36,35m² - 11,92m² = 24,43m²
>
> 24,43m² (área com desconto de 2m²) dividido por 1,21m² (área por aluno) 24,43/1,21 = 20,1900.
>
> Para finalizar, teremos espaço para 20 alunos, com circulação adequada e ângulo de visão amplo do professor.
>
> Ufa!! Tomara que você tenha entendido tudo. Precisando, estamos às ordens!

Juro que essa "informação" está disponível e consta de um livro publicado por uma editora universitária. E os disparates não ficam por aqui. Outras ridículas situações acontecem, como esta burocrática "pérola":

> Segundo as normas usadas [...] é de 1,2m² por aluno mais 12m² para o professor, ou seja, mais ou menos 48m² para uma turma de 30 alunos, tem que ter pé direito de 2,6m e 40 lumens por m² como iluminação e porta larga. Fazendo a conta para sua sala, no máximo 20 alunos. Área: 5,96m x 6,10m = 36,356m². Área da sala: 36,356 - 12 (professor) = 24,356m² para alunos. 24,356 : 1,2 = 20,29 para carteiras, ou alunos.

Ou a notícia de um projeto que limita número de alunos em sala de aula:

> Depois de três anos de tramitação, a Câmara dos Deputados aprovou o Projeto de Lei 597/2007 que limita o número de alunos por professor na educação básica.

> *Pela proposta, que agora segue para o Senado, as turmas do Ensino Médio e as dos quatro anos finais do Ensino Fundamental (6º ao 9º ano) terão, no máximo, 35 alunos.*
>
> *O projeto altera a Lei de Diretrizes e Bases da Educação (LDB), que não estabelece limite de estudantes por sala de aula.*

Já na década de 1960, na obra *Escola no futuro*, Lauro perguntava: "Por que razão teima o professor em dar aula?" E, em pleno século XXI, ainda há quem continue falando de sala de aula, calculando o número de alunos por sala de aula e fazendo salas de aula.

Dirão alguns: "*Mas as aulas já não são como antigamente. Agora, temos lousas digitais, videoaulas*". Vejamos o que nos diz um dos gurus preferidos pelos adeptos do uso das novas tecnologias em sala de aula. Aquele a quem se atribui a criação das tais "videoaulas". São palavras de Salman Khan, excertos do seu livro *Um mundo, uma escola*:

> *O modelo clássico de sala de aula ainda faz sentido numa era digital?*
>
> *O velho modelo de sala de aula não atende às nossas necessidades em transformação.*
>
> *O sistema se tornou arcaico. Por que ainda insistimos que o trabalho deva ocorrer no confinamento de uma sala de aula e ao ritmo de campainhas?*
>
> *A lição tradicional age contra os objetivos da educação pública.*
>
> *Enclausuradas com outras da mesma idade, as crianças são privadas de perspectivas diversificadas, por meio de currículos rígidos, fragmentados, voltados menos para a aprendizagem profunda do que para um desempenho aceitável em avaliações padronizadas. A aula acaba por se revelar um meio ineficiente de ensinar e aprender.*
>
> *Foi necessária a faculdade para me convencer da incrível ineficiência, irrelevância e mesmo desumanidade do padrão de*

aula expositiva. As aulas expositivas eram uma monumental perda de tempo.

O aluno bem-sucedido é aquele que faz a coisa esperada, que avança de forma obediente pelo caminho de menor resistência.

Ele trabalha no mesmo problema que todos os outros, tentando obter a mesma e única resposta certa. A responsabilidade é desencorajada pelo modelo de sala de aula tradicional [...]. Que se torne uma oficina de ajuda mútua, em vez de escuta passiva.

Aulas de reforço são como um cemitério acadêmico. Uma vez que o aluno é rotulado e condenado como "lento", ele tende a ficar mais e mais para trás em relação aos colegas.

E vejamos o que o autor destas frases pensa sobre ano letivo, série, ritmo pessoal e individualização da aprendizagem:

No agrupamento de alunos por idade, a educação pode ser fatiada, compartimentada e, portanto, controlada. Não há nada de natural em segregar crianças por idade. As crianças mais velhas são privadas de uma chance de exercer a responsabilidade e, dessa forma, ficam infantilizadas. Negamos a elas a oportunidade de ajudar e orientar os outros, e assim contribuímos para o seu isolamento e egoísmo. Crianças de idades diferentes deveriam conviver sem a tirania da aula expositiva e do currículo do tipo "tamanho único". Se as crianças podem avançar em ritmo próprio, por que não permitir que todas façam isso? Um grupo de alunos de idades variadas nunca estaria fazendo a mesma coisa ao mesmo tempo.

Lecionar numa sala de aula convencional é um dos trabalhos mais solitários do mundo. Em vez de três ou quatro turmas separadas e um professor solitário, sugiro alunos com três ou quatro professores. No modelo tradicional de educação, que herdamos dos prussianos, os alunos são movidos em bando. A meta original da escola prussiana era criar cidadãos pa-

dronizados e de fácil trato, trabalhadores que soubessem o "suficiente". Hábitos e premissas que chegaram a nós a partir do modelo do século XVIII ainda dirigem e limitam o que os estudantes aprendem. Nós os afligimos com competição. Deveremos, pois, questionar os hábitos e as premissas educacionais que herdamos.

A aula continua sendo nosso modelo de ensino predominante. Mas a planilha não precisa de um prédio escolar para ser acessada. A educação formal tem de mudar. O papel do professor mudou, o atual modelo de escola está ultrapassado.

A escola treina as crianças a serem consumidoras. Quase tudo em nosso sistema premia a passividade e o conformismo, desencorajando a diferenciação e a renovação das ideias. E o custo de desperdiçar milhões de mentes é simplesmente inaceitável.

E Salman Khan conclui:

De todas as noções e costumes obsoletos, que tornam a educação contemporânea ineficiente e inadequada para as nossas necessidades, as férias de verão estão entre as mais evidentes. São uma monumental perda de tempo e de dinheiro. Os prédios estão trancados. Os cérebros estão em animação suspensa. Mas a internet não fecha.

É este o pensamento e a prática de Salman Khan, um analista financeiro, que nunca cursou pedagogia. Mas, enquanto uma secretária de educação afirmou que *"o sistema de aprendizagem vigente na maioria das escolas é falido"*, o Ministério da Educação anunciou que iria comprar laptops para introduzir os vídeos do Khan nas escolas de modelo..."falido".

Khan nos convida a acabar com a escola de sala de aula com professor isolado, turma, prova. Mas as escolas que adotam os vídeos do Khan continuam a ter sala de aula com professor isolado, turma, série, prova, ano letivo... Tudo aquilo que o Khan repudia. Por que razão se dá o nome de "aula" aos vídeos do Khan?

Aula é um dispositivo pedagógico que poderá ou não utilizar vídeos. Khan não nos oferece apenas instrumentos de mudança. Ele quer "uma *educação reinventada [...] A educação é uma invenção, uma obra em construção. A educação não acontece no espaço vazio entre a boca do professor e os ouvidos do aluno. Áreas do pensamento humano são artificialmente retalhadas em pedaços fáceis de manusear chamados 'matérias'. Esse é um ensino obsoleto, que fracassou. O velho sistema está fracassando e precisa ser repensado*".

Relendo a última página de Um mundo, uma escola: "Será a *Khan Academy, junto com as intuições e ideias a ela subjacentes, nossa melhor chance de progredir rumo a um futuro educacional melhor? [...] abordagens novas e arrojadas precisam ser colocadas em prática. A única coisa que não podemos permitir é deixar as coisas como estão. O custo da inércia é inescrupuloso e alto, e é contado não em dólares, nem em euros e rupias, mas nos destinos das pessoas*".

Fui aos Estados Unidos. Estive na Khan Academy. Salman Khan esteve no Brasil. Fui escutá-lo. Comprei o seu livro (Um mundo, uma escola), de onde extraí as frases que acabamos de ler. Entretanto, nas escolas brasileiras, que se assumem herdeiras da proposta de Salman Khan, os professores continuam dando aula. Talvez porque ainda não leram este seu livro.

Há teoria produzida por brasileiros que pode apontar caminhos de mudança. Não precisamos importar modas pedagógicas. Dispomos de escolas com práticas coerentes com os seus PP-P e com a LDB brasileira, projetos com sólida fundamentação científica e que adotam contributos das novas tecnologias. São escolas que, como recomenda Salman Khan, não têm aula. Mas os seus projetos não são financiados. Será necessário que fundações, institutos, universidades e poder público acompanhem, avaliem e apoiem os projetos dessas escolas.

Urge avisar as generosas empresas e fundações, que financiam projetos com sala de aula, que estão desperdiçando recursos, patrocinando mera cosmética pedagógica. Talvez venham a compreender, demasiado tarde, que videoaula, aula invertida, um laptop por aluno ou qualquer outra utilização de novas tecnologias em sala de aula não constitui inovação.

Será preciso que entendam ser preciso harmonizar a introdução das novas tecnologias com a reinvenção da escola, como nos diz Salman Khan. Se tal não acontecer, sem novas tecnologias, ou com novas tecnologias, a velha *escola da aula* poderá continuar produzindo ignorância, exclusão, infelicidade.

Quando escuto os ingênuos cultores da aplicação de novas tecnologias na sala de aula, preocupo-me com os efeitos dessa ilusão de melhoria. Quando escuto magníficos palestrantes falar de autonomia, protagonismo juvenil ou educação integral, apercebo-me de que eles se esquecem de acrescentar que tudo isso não pode concretizar-se... em sala de aula. Quando anunciam novas técnicas, metodologias, a que chamam "inovações", talvez não se apercebam de que estão falando de paliativos de um velho e obsoleto modelo de ensinagem. Talvez não compreendam de que não se trata de tentar melhorar um modelo educacional herdado da primeira revolução industrial, mas de conceber e desenvolver uma nova construção social de aprendizagem.

Do meu livrinho *Dicionário dos Absurdos da Educação*, publicado pela Artmed em 2009, extraí alguns excertos:

> As mensagens de celular e na internet eram peremptórias: "Greve de alunos contra as substituições. Mensagem a rodar. Passem!" E os alunos do Ensino Secundário fizeram um dia de greve às aulas de substituição. Uma TV sempre prestimosa a mostrar as feridas abertas do sistema entrevistou jovens grevistas. E eu escutei estas pérolas, num telejornal: "Os professores não sabem o que estão a fazer nas salas.

Fazemos greve porque não gostamos das aulas de substituição. Essas aulas não servem para nada". Os estudantes organizaram manifestações para chamar a atenção da ministra para a inutilidade das aulas de substituição. E não tiveram pejo em afirmar que "vão para as salas de aula, com os professores substitutos, contar anedotas". E acrescentaram: "Em vez de estarmos fechados numa sala de aula, devíamos estar a aproveitar os recursos que a escola nos oferece, como a biblioteca, as salas de computadores ou as salas de estudo". Admirável!... os alunos têm consciência de que é um grave equívoco pensar que poderá melhorar as escolas aumentando o número de aulas ou melhorando o modo como elas são dadas. A bricolagem legislativa criou mais este artefato das "aulas de substituição". Conheço uma escola onde nunca houve "aulas de substituição", mas onde nunca um aluno ficou "sem aula". Para ser mais preciso: uma escola onde nem sequer há aulas. Nem fazem falta, dado que os alunos aprendem melhor sem elas [...] A escola arrasta a sua degradação pelos caminhos do ridículo e da desumanização. O último exemplo de degradação colhi-o numa revista, onde li esta pérola de "jornalismo educacional": "*Prender a atenção de dezenas de jovens que passam horas a fio entre apostilhas é um desafio e tanto. Para manter os alunos atentos, professores de cursinhos cantam, tocam e simulam*". Esses professores são disputados e se transformam em chamarizes dos cursinhos. Alguns destes novos bardos da pedagogia escrevem apostilhas e ganham comissão pelas vendas. A escola dita tradicional ultrapassou, há muito, o nível do absurdo. Mas parece que poucos disso se apercebem. Chegamos ao tempo do *show business* pedagógico. Dê-se a uma geração de hedonismo exacerbado os conteúdos sob a forma de rave, de balada, porque, depois de a imbecilidade se ter travestido de pedagogia, nada mais poderá ser inventado para disfarçar o drama. Embalados por canoros mestres, os jovens vão sobreviver mais facilmente no "salve-se quem puder" egoísta, que lhes poderá render o acesso à universidade em detrimento do acesso do outro... que vai cantarolando ao seu lado. A ética da alteridade está ausente nos lugares onde, pavlovianamente, alunos memorizam a resposta certa, sem chegarem a saber por que é aquela a resposta certa... Referindo-se às escolas do século XIX – que, mais *data show* menos pau de giz, em nada diferem das escolas que temos no século XXI – Stefan Zweig escreveu: "*Um exército formidável de guardiães disfarçados de professores organiza-se para roubar à juventude a sua espontaneidade e a sua alegria. Nesta época, uma pedagogia maldita, à custa de meios artificiais e antinaturais, afasta os jovens de toda a sinceridade*". Uma geração de pedagogos sem conhecimentos faz um mal inapreciável à juventude. No século XXI, resta saber até quando as escolas irão enfeitando a sua falência com frivolidades, infantilizações metodológicas e outros disfarces.

A jornalista que assina o artigo do qual extraí as citações conclui: "*O vestibular exige muito dos estudantes, e não podemos ficar só na decoreba*". E eu compreendo a lógica: o absurdo do vestibular é amaciado com o absurdo do *show business*. E a pobre da jornalista não tem culpa dos disparates que escreveu. Não é pedagoga nem tem obrigação de saber que, tal como nos diz Apel, ciência não é acumulação de saber cristalizado, mas inovação em processo. Ou o que nos disse Tchékov: "*Os homens inteligentes querem aprender; os outros querem ensinar*". Ainda no referido artigo, uma estudante que pretende cursar Medicina exclama: "*Ficamos curiosos para saber que música o professor escolheu e que ponte vai fazer com a matéria!*" A estudante está curiosa e eu estou preocupado com os médicos que irei encontrar pelo caminho, na vida que me resta. Mas, se é verdade que, escutando Bach e Mozart, as vacas produzem mais leite, e se os pastores de certas Igrejas seduzem os crentes com "*shows de fé*", por que não transformar as escolas num permanente festival da canção? Resultará? Não esqueçamos que, no conto "O flautista de Hamelin", é pela música que o flautista seduz os ratos e os arrasta para o abismo. Se o sábio Salomão disse que respondêssemos aos loucos conforme sua loucura, talvez possamos aplicar a essas vedetas do *show business* vestibular aquilo que Nietzsche sarcasticamente escreveu: "*O professor constitui um mal necessário. Afinal, é inevitável que os intermediários desvirtuem, quase sem querer, o alimento que transmitem*".

Há muitos, mesmo muitos anos conheci um professor que já "não dava aulas", mas que se gabava de, no tempo em que as dava, ser considerado um "bom professor", pelo fato de reprovar muitos alunos. Há muito mais anos, o mestre Agostinho da Silva nos recordava que "a maior parte dos professores que combatem métodos novos o faz porque os desconhecem, ou porque todos à volta se conservam na rotina [num] próspero analfabetismo em que uma boa parte não sabe ler e outra boa parte não entende o que lê".

Sossegue, mestre Agostinho: o "livro do professor", que acompanha o manual do aluno, já traz todos os exercícios feitos e corrigidos. Se tudo já está pronto para ser consumido, os modelos prontos, as respostas preparadas, poucos serão os interessados em pensar nos porquês. E nem é preciso explicar o "como"... Concordo com o mestre Agostinho quando ele nos diz que as instituições sempre se corrompem e acabam por ser inúteis. A instituição escola arrasta a sua degradação pelos caminhos do ridículo e da desumanização.

Recordo-me de ter lido um delicioso texto, publicado pela PUC de Campinas, com o título: "A escola de antigamente nunca foi de boa qualidade", quando, no decurso de uma palestra, um professáurio proferiu a seguinte frase: "*Isso que você diz de não haver* aula é muito bonito, mas antigamente é que se aprendia. Na terceira série, eu já sabia mais conteúdo do que a minha filha, que já está no nono ano".

Perguntei: "*O colega fez o Fundamental completo?*"

A resposta foi uma risada coletiva. Insisti, perguntando ao mais de um milhar de professores ali presentes se tinham aprendido todos os conteúdos do Fundamental.

"*Claro! É evidente!*" – responderam em coro.

Completei o questionamento: "*Quem, aqui, sabe fazer uma raiz quadrada?*"

Um perturbador silêncio se seguiu à inusitada pergunta. Alguns poucos professores ergueram o braço. Possivelmente, professores de Matemática...

Formulei outras perguntas sobre conteúdos de História, Ciências e outras disciplinas do Ensino Fundamental. Ninguém soube responder. Questionei: "*Então, aprenderam, ou não aprenderam conteúdos, na sala de aula?*"

Fica evidente que não aprenderam. Praticaram decoreba, vomitaram a raiz quadrada numa prova e... esqueceram-na. Aliás, esqueceram a maior parte dos conteúdos supostamente aprendidos. É o que nos dizem as pesquisas. Alheias aos trágicos efeitos das suas práticas, as escolas "normais" vão entupindo a memória dos alunos com informações, que eles não relacionam com o mundo real. Vão preparando projetos para os alunos, quando deveriam construir projetos com os alunos. Despendem significativa parte do seu tempo fazendo planejamento de aulas, sedimentando processos de heteronomia, quando deveriam ensinar os alunos a planejar, a saber gerir tempos, recursos, a desenvolver senso crítico e autonomia intelectual.

Os professores das escolas "normais" ainda creem que, dando aula, ensinam. Promovem acumulação cognitiva, quando deveriam efetuar mediação pedagógica, cocriar roteiros de estudo e guias de pesquisa, provocar aprendizagens, sem confundir prova com avaliação, ou confundir avaliação com classificação. Também ajudaria que lessem Bruner e outros autores, que os ajudariam a perceber o que é aprendizagem significativa. Ou estudar educadores brasileiros, cujas obras deveriam ser avidamente consumidas na formação inicial dos professores (gostaria de saber que livros os candidatos a professores leem na faculdade...).

Nas escolas da aula e dos cursinhos, os alunos são sujeitos a um sem-número de provas. O vestibular é implacável e o jovem estressado aliena-se do mundo para se concentrar no objetivo maior: entrar numa faculdade. Engole apostilas e novos *reativans*. Se, decorridos alguns anos, esse jovem e os seus professores fizessem vestibular, provavelmente não conseguiriam ser aprovados no exame, porque esqueceram os conteúdos decorados. Quantos "bons alunos", aprovados no vestibular há dez anos, saberão calcular uma... raiz quadrada?

Somos exímios, muito competentes, dando aula. Mas, por que não mudamos, para que todos tenham direito à educação? Por que razão os professores não decidem ser éticos para além de ser competentes? Pedro Demo nos aponta alguns princípios:

> *O sistema brasileiro de ensino é fundado em aula. Praticamente só! Ao professor não ocorre que a escola possa ser diferente de apenas oferecer aula, prova e repasse. Em parte, isto se deve à formação docente na faculdade, onde só teve aula e foi "deformado" para dar aula. Adere ao "instrucionismo", a prática escolar de reduzir aprendizagem à absorção passiva de conteúdo.*
>
> *Na escola e universidade, porém, aprender é reduzido a trejeitos instrucionistas, que cuidam muito mais do repasse de conteúdo curricular, da aula, prova e currículo, do que do desenvolvimento ou formação integral do estudante. Os dados de "aprendizado adequado" disponíveis (Ideb) são kafkianos*

> *(DEMO, 2017): em 2015, apenas 7,3% dos estudantes do Ensino Médio tiveram aprendizado adequado de matemática; a maior média ocorreu no DF, com 12,8% (foi de 31,5% em 1995!), e a menor no Maranhão, com 1,5%.*
>
> *Levando em conta que o Ideb não é um dado expressivo (acomoda-se em memorização de conteúdos tendencialmente), a situação real é ainda pior. Citando o Enem de 2017, apenas 50 candidatos tiveram nota máxima em redação (dentre 5 milhões), sendo que 300 mil tiraram zero. É o resultado dos "Cursinhos" que torturam milhões de estudantes para engolirem conteúdo que vão vomitar nos exames. Escola e universidade são, essencialmente, isso. Nunca faltaram aula, prova e repasse. Ao contrário. Em 1997, logo após a LDB fixar 200 dias letivos, houve a maior queda pontual no Ideb. Em 2006, passamos o Ensino Fundamental de oito para nove anos, e o desempenho escolar nos anos finais só piorou, porque apenas aumentamos aula, sem tocar na aprendizagem. O Inaf (Indicador Nacional de Alfabetismo Funcional), do Ibope, constata que, há duas décadas, brasileiros adultos "proficientes" (que sabem pensar, digamos), são 8%! E o Pisa 2015 observou que 44% dos brasileiros de 15 anos de idade que participaram ficaram abaixo do último nível de matemática* (Brasil no Pisa 2015, 2016).

Vejamos mais alguns excertos de um ensaio do mestre Demo (creio que ninguém duvida da sua sabedoria):

> *Os dados são, pois, cruéis com as aulas. Sendo aula o que mais existe e mesmo define a escola, e sendo os resultados um desastre avassalador, sua inutilidade é flagrante. Poucas coisas são mais inúteis do que aula: roubam o tempo do estudante, desmotivam-no ostensivamente, refletem autoritarismo grotesco, deturpam o sentido da aprendizagem e do conhecimento e representam a vanglória mais tola do professor.*

> Aula é o que mantém a escola presa ao passado fordista ou similar, como consta dos "Tempos modernos" de Chaplin, repetitiva, monótona, linear, sequencial, insuportável, desumana. Não tem como objetivo cuidar da aprendizagem do estudante, mas de transmitir conteúdo que frequentemente o estudante sequer entende, como é o caso notório de matemática. É o signo também do professor ensimesmado, que mantém o sistema de ensino centrado em si mesmo, em torno de sua aula, prova e repasse, além de praticar um cognitivismo tosco, reducionista ao extremo.
>
> Uma escola "sem aula" ainda é motivo de escândalo. Aula, contudo, é xodó do professor, não do aluno. Serve para manter seu palco, cada vez mais vazio e inepto. Ao final, retrata a miséria docente ostensivamente – damos aula sem nenhuma produção própria, apenas reproduzindo conteúdos indicados por outrem.
>
> Não é culpa do professor. Essa mania vem da faculdade, onde foi, estritamente, "vítima de aula", e, logo, chegando à escola, reproduz o que recebeu por reprodução. No entanto, de pouco vale achar um "culpado". Culpados somos todos. Urge achar soluções adequadas para não invalidarmos, tão abusivamente, o futuro dos estudantes. Infelizmente, a escola que temos, em termos bem concretos, "faz mal". Onde 1% aprende matemática, é o caso de frequentar? [...] Quem, porém, toma como compromisso fundamental da escola cuidar para que o estudante aprenda, de maneira integral e comunitária, jamais coloca aula no centro.

Em sites tidos como de debate sobre educação, podemos ler frases desse tipo:

> A gente tem de trazer a mudança para dentro da sala de aula. Inovar é criar novas práticas em sala de aula para manter o aluno atento ao que o professor diz, ou ao que o computador diz na sala de aula. Se o aluno comprar a ideia, fica feliz.

Reflitamos sobre competências-chave do século XXI: interagir em grupos heterogêneos da sociedade, agir com autonomia, usar ferramentas interativamente; competências que, dificilmente, o modelo de ensino convencional reproduzido em "sala de aula" logra desenvolver.

Eis como António Nóvoa vê a escola:

Escola como vem sendo	Escola em devir
1 Espaço arrumado organicamente e fechado	1 Diversidade de espaços, dentro e fora da escola (com a circulação dos alunos por esses espaços)
2 Quadro-negro (dispositivo fixo e "vazio")	2 Utilização sistemática de diversas ferramentas e dispositivos (também digitais)
3 Um professor, de pé, falando	3 Vários professores trabalhando em equipe, simultaneamente
4 Alunos, sentados, ouvindo (ou parecendo ouvir)	4 Alunos estudando e trabalhando uns com os outros

Nem uma só vez esse renomado autor utiliza a expressão "sala de aula".

E, na proposta, que expõe em seu livro, Khan nos diz que *"a maior parte do tempo dos professores é passada a dar aulas expositivas, criando e corrigindo provas, planejando aulas. E que isso pode ser feito por ferramentas virtuais"*. As universidades de Stanford, Harvard, o MIT, dizem que não há mais sentido em dar aulas. Uma empresa convida: *Venha inovar na sala de aula do futuro*. Ingenuidade? Mercantilismo? No futuro, não haverá salas de aula. As escolas carecem de espaços de aprendizagem, de espaços de convivência reflexiva. E à luz da produção científica no campo da educação é descabido manter a expressão "sala de aula" no discurso das ciências da educação.

Completo esta já longa narração com o registro de um incidente crítico, semelhante a outros, ocorridos quando me colocam em palcos, junto de um pedestal, tendo abaixo e à minha frente centenas de educadores, num vazio constitutivo, que destruo descendo ao nível do chão de todos e perguntando: "*O que quereis saber?*"

Logo à entrada para o congresso, escutei os pedidos de sempre: "*Pode dar-me a sua 'apresentação'?*" Qual é o PowerPoint que o senhor vai usar?"

"Eu não uso PowerPoint".

"Mas todos os palestrantes usam. E o que é que o senhor vai dizer?"

"*Não sei. Ainda ninguém me fez perguntas*".

O técnico voltou-me as costas e foi instalar o PowerPoint de outro palestrante.

Dei início à "palestra" como faço há mais de quarenta anos: "*O que querem saber?*"

Sucedeu um silêncio de mil professores.

Sei que passaram por cursos de ouvir respostas a perguntas que jamais fizeram. Sei que dão aulas feitas de respostas a perguntas que os seus alunos não fazem. Compreendo que tenham deixado de perguntar.

Quando me dirigiu a sua pergunta, vi tristeza no rosto da Marina, uma pessoa maravilhosa, que organiza cursos de ensinar *a navegar através da ética*. A amargura apossou-se da Marina quando ela se apercebeu que muitos dos diplomados pelo seu curso manifestavam atitudes antiéticas. Ela não sabe que toda contradição tem explicação, e com ela conversei, com ela aprendendo e ela talvez aprendendo comigo.

Seguiu-se novo e prolongado silêncio. Para o quebrar e suscitar o debate, lancei uma pergunta: "*Este congresso tem por tema 'educação para a cidadania'. Nesta faculdade acontece 'educação para a cidadania', ou 'educação na cidadania'?*"

A primeira pessoa a interpelar-me foi o palestrante que me sucederia no palco. Fê-lo sob a forma de provocação: *"Porque é que você não faz como toda a gente? Quer ser original, é isso?"*

Respirei fundo, contei até dez, ignorei o sarcasmo e expliquei que houve tempo em que eu dei aula e fiz palestra "como toda a gente": *"Colega, se você se sente confortável lendo um discurso, ou um PowerPoint, nada tenho contra isso. Mas escutou a minha pergunta? Quer responder?"*

Não respondeu. Disse que ensinava cidadania em duas aulas por semana, naquela faculdade de educação. E, elevando o tom de voz, acrescentou: *"Fique sabendo que nesta faculdade somos todos iguais, que todos têm os mesmos direitos!"*

Serenamente, perguntei: *"O colega subiu para este auditório no elevador dos professores ou no elevador dos alunos? E, quando precisa de satisfazer necessidades elementares, vai ao banheiro dos professores ou no banheiro dos alunos?"*

Levantou-se. Dirigiu-me um olhar fulminante. Gritou que era Ph.D. E foi embora.

Ainda há quem creia que se pode aprender civismo em aulas de educação cívica, em uma ou duas horas por semana. Mas sabemos que uma aula não informa, uma aula conforma. Sabemos que uma aula não forma, ela deforma, contribui para a produção de seres que se apequenam, porque a vida sem viver parece ser mais segura...

A Marina sofre por saber que a sociedade brasileira está doente; afetada pelo medo, infestada de intolerância, manifestando tendências autoritárias. Uma corrupção endêmica e sindrômica pontifica onde reina a ignorância. E qual será a nossa parte de responsabilidade? Também teremos (nós, educadores) contribuído para a emergência desta crise moral e ética?

O meu amigo Vasco diz que *"a ação do educador deve pautar-se na ética profissional vista como o compromisso de o homem respeitar os seus semelhantes, no trato da profissão que exerce"*. Educar é essencialmente uma atividade ética, com impacto social, com efeitos indeléveis na vida das pessoas.

Venho insistindo que é urgente que os educadores assumam um compromisso ético (social e político) com a educação. Que não tentem educar para a cidadania, mas na cidadania, no exercício de uma liberdade responsável. "Inovação em sala de aula" é expressão recorrente em palestras, debates e até mesmo em teses às quais se atribui cientificidade. Sejamos intelectualmente honestos e reconheçamos que enquanto houver sala de aula não haverá possibilidade de inovar. Os quase dois séculos de genocídio educacional são prova de que o dispositivo aula é incompatível com inovação.

Inovação normativa

> *Como esperar de uma administração de manifesta opção autoritária que considere, na sua política educacional, a autonomia das escolas?*
> *Que considere a participação real dos e das que fazem a escola, na medida em que esta se vá tornando uma casa da comunidade?*
> Paulo Freire

Escolas, que são pessoas e casas da comunidade, libertas (nos dizeres de Lauro Lima) de *"uma regulamentação asfixiante [uma] padronização que traz como consequência a 'oficialização', que retira a responsabilidade pessoal dos educadores e institucionaliza um formalismo oco de encenação de condições reais"*. Para que assim sejam, urge rever normativos, garantir estabilidade às equipes de projeto, autonomia.

No domínio da educação, as introduções às leis e regulamentos são belas peças literárias, mas parecem ser literatura de ficção científica. Nos preâmbulos dos normativos, recorre-se ao discurso contemporâneo das ciências da educação. Mas, em tempos de pós-verdade, despachos, resoluções e quejandos são documentos híbridos, sem lógica interna, que revelam incoerência entre o preâmbulo e o texto restante. Exemplo típico é uma Base Nacional Comum Curricular esquizofrênica e até mesmo ilegal. Como diria o amigo António Nóvoa, a sofisticação do discurso contrasta com a pobreza das práticas.

No Portugal da década de 1960, um decreto-lei assinado pelo ditador Salazar consagrava o princípio de que experiências pedagógicas só poderão acontecer com o beneplácito centralista. Mas, a 60 anos de distância, é um exemplo de autêntica inovação normativa. Vejamos...

No seu artigo 1º autoriza "*a realização de experiências pedagógicas em estabelecimentos de ensino público*, experiências que *podem consistir, inclusivamente, no funcionamento experimental de novos tipos de estabelecimentos de ensino (escolas-piloto)*". E no artigo 3º: "*O Ministro pode mandar colaborar nas experiências agentes ou auxiliares de ensino de outros estabelecimentos dependentes do Ministério da Nacional, seja qual for a modalidade do seu provimento, dispensando-os total ou parcialmente das funções próprias* [...] *as nomeações para cargos poderão realizar-se independentemente de concurso*".

Decorridas seis décadas, qual o ponto de situação? Quais as possibilidades de inovar? O "dever de obediência hierárquica" e outros impedimentos do exercício de uma cidadania plena negam às escolas o direito à autonomia pedagógica e administrativa. Cabe perguntar: Quando se requer inovação pedagógica também não se deverá exigir inovação normativa?

O saudoso Darcy Ribeiro dizia que somos uma sociedade com seu nervo ético rompido. E como resolveremos o dilema? Demonstraremos seriedade nas intenções e nos gestos, propiciando condições para que as práticas escolares estejam em sintonia com necessidades e competências do mundo contemporâneo? Aceitaremos esse complexo desafio, ou faremos cosmética normativa? Continuaremos contribuindo para a manutenção de práticas antiéticas ou assumiremos um compromisso ético com a educação?

Diz-nos Albert Einstein: "*O que há de melhor no homem somente desabrocha quando se envolve em uma comunidade*". E Herman Hesse contrapõe: "*O que hoje existe não é comunidade, é sim-

plesmente rebanho. Os homens se unem porque têm medo uns dos outros, e cada um se refugia entre seus iguais: rebanho de patrões, rebanho de operários, rebanho de intelectuais... E por que têm medo? Só se tem medo quando não se está de acordo consigo mesmo".

Entre os anos de 2015 e 2018 ajudamos a preparar as primeiras comunidades de aprendizagem do Brasil. No chão das escolas celebramos o encontro, que marcou o início de novas práticas. Conversamos sobre obstáculos e sobre o modo de contorná-los, porque a educação escolar sobrevive imersa numa crise centenária, estatisticamente demonstrada, protagonizada pelo pessimismo e conformidade dos professores. O quadro normativo do ministério e secretarias da educação constitui-se em suporte de decisões em que prevalece a racionalidade burocrática. Constitui-se um dos obstáculos à inovação.

Leio e escuto depoimentos que poderiam encher centenas de páginas, como aqueles que passarei a transcrever. São a prova de que ainda há quem busque inovar e resista às pérfidas investidas dos burocratas da educação.

> *Estou aqui numa angústia enorme. O ensino está todo podre. As minhas colegas de trabalho simplesmente me deixaram de falar. Sinto que, por ser diferente, diferente na forma como trato as crianças, sou posta de lado, tratam mal as crianças à minha frente e até andam nos corredores a perguntar o que eu falo com as colegas. Não sei o que fazer... Estou mesmo decidida a despedir-me. Tenho pena é das crianças.*
>
> *Estou a sofrer boicotes frequentes por parte da direção. Como podem os educadores realmente comprometidos com a justiça social avançar com os seus projetos numa instituição gerida por alguém que não apoia e até inviabiliza o processo de transformação concebido, ignora os chamamentos éticos e legais dos educadores e educandos?*

Professor, a escola cheira mal, está purulenta. Recebi ameaças, corro risco de processo disciplinar. Numa reunião, fui muito desrespeitada. Algumas professoras das mais antigas e a diretora estão a inventar boatos e contestar o projeto, sem fundamentação. Hoje, levei um "cartão amarelo". Fiquei preocupada porque tenho uma filha de 6 meses e um filho de 2 anos para alimentar... Provavelmente, serei mandada pra rua no final do ano. Não sei como vai ser...

Ontem, apareceram aqui de surpresa por causa de uma denúncia. Fui pressionada para me calar e entrar no sistema. O diretor disse que projetos como o nosso não valem nada. Estávamos em diálogo com a secretária dele, esperando, há semanas, sem uma resposta. E nada! Já não sei o que fazer, estou sem dormir, doente, passando mal com toda essa situação. Eles não têm interesse na melhoria da qualidade da educação e estão burocratizando o processo.

Estou sendo muito desrespeitada. Mas o importante é que já tenho planos para o próximo ano. Não vou desistir tão fácil! E como professora não estarei refém de nenhum diretor moralmente fraco. Tive uma conversa com ele. Foi categórico. Disse que esta escola tinha que ser como as outras, que uma escola tem que ensinar só português e matemática, e pronto! Que o que os pais querem é que os filhos sejam doutores. Um discurso arrogante e banal. Foi em vão minha conversa! É covarde, não tem opinião, deixa-se levar pela maré.

Há quem sonhe com a transformação e a humanização da escola. Contudo, os professores sentem-se impedidos de transformar o sonho em realidade, porque o medo se instala. É o medo que obriga os professores das escolas particulares a se anularem como profissionais, por via do medo de a sua escola perder alunos. O medo é a causa de o dito "servidor" se apequenar como "serviçal" do poder público, o medo de ser punido ou de perder o emprego.

Há quem deixe de fazer perguntas, de discutir razões; as questões de ética são esquecidas. Há quem tenha medo de que o medo acabe, porque foi o medo o que mais fez desaprender, mas a indignação deverá ser maior do que o medo. Mas também há quem seja resiliente...

Educadores éticos manifestaram vontade de desenvolver um projeto inovador: uma comunidade de aprendizagem. Pediram ajuda. Foi gasto muito dinheiro (e paciência!) tentando contornar obstáculos. As professoras organizaram-se numa equipe de projeto. Encontraram um edifício que, adaptado, poderia vir a ser o local de encontro e celebração da comunidade, a "ágora". Pressionada pela necessidade de assegurar a matrícula de centenas de jovens moradores num bairro social, a administração escolar concordou em fazer obras de adaptação.

As professoras da equipe de projeto contrataram um engenheiro e pagaram (do seu bolso) o serviço por ele prestado. Uma arquiteta amiga das professoras fez o projcto de adaptação do edifício. Foram muitas as horas de trabalho gratuito. Inclusive, a arquiteta contratou um estagiário para a auxiliar. E, com o seu dinheiro, pagou o trabalho do estagiário. A administração escolar nunca perguntou que despesas foram feitas...

Entretanto, os engenheiros das construções escolares vetaram a utilização do edifício no projeto, porque não tinha... salas de aula.

Como é que pode não ter aula? – questionaram os engenheiros.

Por que sala de aula? – perguntaram os educadores. E explicaram aos engenheiros, de modo que um engenheiro leigo no domínio das ciências da educação entendesse que aula é coisa do século XIX.

Ao cabo de muitas reuniões e de muito gasto de paciência, a equipe de projeto conseguiu contornar esse obstáculo. A chefe do setor de construções escolares cedeu. Não haveria salas de aula.

As obras foram concluídas, os professores foram contratados, estavam criadas as condições para que fosse criada uma comunidade de aprendizagem.

Entretanto, muitos educadores se organizaram para a criação de novas comunidades e foram entregues à administração pública documentos enquadrados na Lei de Bases, essenciais à sua criação. Meses se passaram sem que qualquer resposta fosse dada aos pedidos de análise e negociação dos documentos. Foram ignorados sucessivos convites para tal, até que um superior hierárquico se apercebeu da irregular situação e ordenou que se realizasse um encontro de trabalho.

Pela administração escolar foram apresentados pseudoargumentos: que seria impossível criar as comunidades de aprendizagem no meio de um ano letivo e que não havia edifícios para funcionarem. Foi respondido que em comunidades de aprendizagem não existe ano letivo nem são necessários edifícios para albergá-las:

> Se houver um prédio, tanto melhor, que poderemos abrigar-nos da intempérie. Mas não é indispensável que haja um edifício a que chamam escola.

Insensíveis, responderam: Não é possível.

Foi explicado que numa comunidade de aprendizagem não há ano letivo, semestre, trimestre, bimestre, nem um determinado número de dias letivos, porque se aprende nas vinte e quatro horas de cada dia, nos trezentos e sessenta e cinco dias de cada ano civil. Que não há salas de aula, divisão em turmas, ano de escolaridade, que não há toques e campainha, nem todos entram na escola ou saem dela ao mesmo tempo...

Tentando disfarçar tiques autoritários, os burocratas disseram não entender o que estavam ouvindo e lamentaram-se das canseiras que lhes consomem as horas e lhes desgastam os nervos.

Foi-lhes dito que as novas práticas reduziriam a carga burocrática, origem dos seus queixumes. Reagiram com agressividade:

> *Era só o que faltava! O que você está a dizer é um absurdo! Onde já se viu? Uma escola tem de ter salas de aula, turmas. Sempre foi assim! E os professores têm de fazer o registo diário das aulas que deram e da matéria ensinada.*

Não havia obrigação de apresentar provas da legalidade da reivindicação. Quem teria de provar não ser possível a mudança seria quem usa as leis para tentar impedir que a inovação aconteça. A história da educação é o registro de um rastro de destruição, um cemitério de projetos com potencial inovador.

Sensíveis e pacientes, os educadores foram dizendo que nem "sempre foi assim".

> *"O que querem dizer com isso?"*

> *"Queremos dizer que o trabalho em comunidade de aprendizagem garante esse direito. Na Lei de Bases nada obsta a que essa nova construção social se concretize. Ou que que se faça uma adaptação dos normativos a uma nova forma de aprender".*

Pela enésima vez se perguntou: *"O que impede?"*

Sem saber o que responder, como argumentar, em tom de ameaça, os funcionários da Secretaria de Educação determinaram: *"É assim, porque terá de ser assim e continuará assim! Não mudaremos uma linha dos regulamentos, nem uma vírgula dos despachos. E não esqueçam que somos superiores hierárquicos!"*

Recusando dialogar, os "superiores" acreditavam ter extinto o projeto. Porém, embora alguns professores tivessem recuado, talvez com medo de perder o emprego, educadores éticos mantiveram-se leais ao projeto, que recomeçou, mais forte do que antes, suportado na lei, fundamentado numa ciência prudente e numa digna desobediência.

Se nos situarmos numa perspectiva de transformação social, que a escola pode promover, compreenderemos que a alternativa ao paradigma fundado na instrução não é o paradigma pedagógico fundado na aprendizagem, mas um paradigma emergente. A superação do paradigma escolar vigente é uma utopia necessária.

Existe a demanda de transformação da educação e de ultrapassar o âmbito restrito da educação escolar, agindo em múltiplos espaços sociais, políticos e culturais. Um novo paradigma emerge: o da comunicação. Porém, ao longo do século XX, as ciências da educação estiolaram, enquanto surgiam "escolas fundamentalistas", sistemas de ensino de iniciativa particular: montessorianas, waldorfianas, freinetianas, piagetianas e muitas outras.

O sectarismo pedagógico não logrou penetrar o sistema público de ensino nem logrou alcançar melhorias educacionais sensíveis. E a burocratização dos sistemas público e particular de ensino caminhou a par de uma inútil sofisticação do discurso pedagógico.

Na universidade, sucedem-se as teses sobre um emergente paradigma – o da comunicação –, frequentemente associado à Teoria da Complexidade. Paradoxalmente, os seus autores fazem palestras, nas quais vendem a ideia de que "o centro do processo deverá ser o aluno" (ou o computador). Publicam obras enaltecedoras do paradigma da aprendizagem, do "protagonismo do aluno", do empreendorismo. Mas, continuam dando aula – dispositivo central do paradigma da instrução –, centrada no professor (ou no computador), prática incompatível com o paradigma que teoricamente adotaram.

Parafraseando o amigo Carlos...

> *Quando nos colocamos entre tempos e espaços em que praticamos alternativas de uma educação humanista-e-humanizadora, crítica, criativa e transformadora da educação e através da educação, o que encontramos diante de nós é uma multiforme realidade social que na mesma medida em que*

parte *"do que houve e ficou"*, *recria-se e nos desafia a retomar raízes do passado, a trilhar os passos do presente e a abrir as amplas asas em direção ao futuro.* Quando professores me perguntam como vão ensinar os seus alunos a elaborar roteiros de pesquisa, ou portfólios digitais, respondo: "Dando aula". Se me perguntam se eu "dou aula", respondo que deixei de "dar aula" há mais de quarenta anos. Se insistem e perguntam se poderei acompanhá-los no "dar aula", vou para o chão das escolas com eles. Valorizo o que os professores sabem fazer e "dou aula" com eles, em equipe. Parto daquilo que eles são e do que sabem fazer.

Os professores são competentes dando aula. Quando, para além de serem competentes, decidirem ser éticos, acontecerá um *re-ligare* essencial. Novas construções sociais de aprendizagem acolherão as contribuições de Montessori, Steiner, Freinet, Piaget, Freire e de muitos outros pensadores, que serão acolhidas, plasmadas em práxis coerentes com necessidades sociais do nosso tempo.

Quando me perguntam qual é o principal obstáculo à mudança nas escolas, respondo que, para além dos "servidores" (talvez "serviçais" de secretarias burocratizadas), o maior obstáculo sou eu. O maior obstáculo é a minha cultura, é a cultura pessoal e profissional dos professores.

A crise ética que se instalou neste país também é tempo de oportunidades. E nada é mais concebível do que o aparecimento de um instinto de verdade honesto e puro. Por isso, encerro este livrinho com um provérbio oriental: *Homens fortes criam tempos fáceis; tempos fáceis moldam homens fracos; homens fracos fazem tempos difíceis; mas tempos difíceis produzem homens fortes".*

Em Portugal e no Brasil já está sendo gestada uma nova educação, aquela que os meus bisnetos merecem. Se assim é, que a esperança não esmoreça e a compaixão nos conduza. Inovemos.

Referências

ALVES, R. (2001). *A escola com que sempre sonhei*. São Paulo: Papirus.

ANDER-EGG, E. (1989). *La animacion y los animadores*. Madri: Narcea.

ARAÚJO, J. (2008). *Voluntariado*. São Paulo: Cortez.

ARDOINO, J. (1989). "Pour une éducation permanente critique". In: *Éducation Permanente*, n. 98 [Entrevista].

AUSUBEL, D. (2012). *Psicologia educacional*. Rio de Janeiro: Interamericana.

BACHELARD, G. (1986). *O novo espírito científico*. Lisboa: Ed. 70.

BAKHTIN, M. (2011). *Estética da criação verbal*. São Paulo: Martins Fontes.

BEDESCHI, G. (1985). *Anthropos-homem*. Lisboa: Enaudi/INCM.

BENAVENTE, A. et al. (1992). *Do outro lado da escola*. Lisboa: Teorema.

BOHM, D. (2005). *Diálogo*. São Paulo: Palas Athena.

BOURDIEU, P. (1989). *O poder simbólico*. Lisboa: Difel.

_____ (1970). *La reproduction*. Paris: Minuit.

BRANDÃO, C. (2018). *Algumas divagações esperançosas* [Inédito].

BRASIL. *Constituição da República Federativa do Brasil de 1988*. Brasília, 1988.

BRASIL. *LDB* – Lei n. 9.394, de 20/12/1996.

CAMPOS, B. (1993). "As ciências da Educação em Portugal". In: *Inovação*, vol. 6.

CANÁRIO, R. (1993). *Ensino Superior e formação contínua*. Porto Alegre: ESE.

_____ (1991). "Mudar as escolas". In: *Inovação*, vol. 4.

CARVALHO, A. (1993). *A construção do projeto de escola*. Porto: Porto Ed.

CASTELLS, M. (2000). *Sociedade em rede*. São Paulo: Paz e Terra.

CASTORIADIS, C. (1975). *L'Instrution, l'imaginaire et la société*. Paris: Seuil.

CORTESÃO, L. (1991). "Formação: algumas expectativas e limites". *Inovação*, vol. 4.

COSTA, A. (2000). *Protagonismo juvenil*. Salvador: Fundação Odebrecht.

CROZIER, M. (1982). *Mudança individual e mudança coletiva*. Lisboa: Horizonte.

DEMAILLY, L. (1991). *Le collège*: crise, mhytes et métiers. Lille: PUL.

DEMO, P. (1999). "Aprender: o desafio reconstrutivo" [s.n.t.].

_____ (1998). *A nova LDB*: ranços e avanços. Campinas: Papirus.

DUCKWORTH, E. (1984). "What teachers know". In: *Harvard Educational Revue*, 54.

ENGUITA, M. (1989). "Teorias da resistência". In: *Educação e Realidade*, 14(1).

ESTEVE, J. (1992). *O mal-estar docente*. Lisboa: Escher.

ESTRELA, A. (1994). "A escola caserna". In: *O Professor*, n. 40, set.-out.

FERNANDES, F. (1973). *Comunidade e sociedade*. São Paulo: CEN.

FERRY, G. (1983). *Le traject de la formation*. Paris: Dunod.

FEYERABEND, P. (1985). *Contra o método*. Rio de Janeiro: Francisco Alves.

FINGER, M. (1988). *O método (auto)biográfico e a formação*. Lisboa: DRH.

FLECHA, R. (1997). *Compartiendo palabras*. Barcelona: Paidós.

FLEMING, M. (1988). *Autonomia comportamental*. Porto: Icbas/UP.

FORMOSINHO, J. (1980). "As bases do poder do professor". In: *RPP*, XIV.

FOUCAULT, M. (1970). *Vigiar e punir*. Petrópolis: Vozes.

FREIRE, P. (2005). *Pedagogia do oprimido*. São Paulo: Paz e Terra.

_____ (2000). *Pedagogia da indignação*. São Paulo: Unesp.

_____ (1997). *Pedagogia da esperança*. São Paulo: Paz e Terra.

_____ (1996). *Pedagogia da autonomia*. São Paulo: Paz e Terra.

_____ (1995). *À sombra desta mangueira*. São Paulo: Olho D'Água.

_____ (1991). *A educação na cidade*. São Paulo: Cortez.

_____ (1971). *Papel da na humanização*. São Paulo: Paz e Terra.

FRIEDMAN, Y. (1978). *Utopias realizáveis*. Lisboa: Socicultura.

GADOTTI, M. (2004). *Escola cidadã*. São Paulo: Cortez.

GIMENO SACRISTAN, J. (1988). *El curriculum*. Madri: Morata.

GIROUX, H. (1990). *Los professores como intelectuales*. Barcelona: Paidós.

_____ (1986). *Teoria crítica e resistência*. Petrópolis: Vozes.

GOMEZ, C. (2003). *A cidade como projeto educativo*. Porto Alegre: Artmed.

HABERMAS, J. (2012). *Teoria do agir comunicativo*. São Paulo: Martins Fontes.

HUBERMAN, A. (1989). *La vie des enseignants*. Neuchâtel: Delachaux & Niestlé.

ILLICH, I. (1971). *Une société sans école*. Paris: Seuil.

JEAN, G. (1990). *Cultura pessoal e acção pedagógica*. Porto: ASA.

JOSSO, C. (1991). *Cheminer vers soi*. Lausanne: L'Age de l'Homme.

KEMMIS, S. (1988). *El curriculum*: mas allá de la reprodución. Madri: Morata.

KILPATRICK, W. (1933). *The educational frontier*. Nova York: The Century Co.

KRISHNAMURTI, J. (1985). *O mundo somos nós*. Lisboa: Livros Horizonte.

LAKATOS, E. (1986). *Metodologia científica*. São Paulo: Atlas.

LAPASSADE, G. (1974). *Organisations, institutions*. Paris: Gauthiers Villars.

LEGRAND, P. (1975). *L'Homme du devenir*. Paris: Entente.

LIMA, L. (1983). *Uma escola piagetiana*. Rio de Janeiro: Paideia.

_____ (1974). *Escola no futuro*. Rio de Janeiro: José Olympio.

_____ (1969). *O impasse na educação*. Petrópolis: Vozes.

_____ (1967). *Escola da comunidade*. Petrópolis: Vozes.

_____ (1964). *A escola secundária moderna*. São Paulo: Fundo de Cultura.

LOBROT, M. (1971). *A pedagogia institucional*. Lisboa: Iniciativas Editoriais.

MAFFESOLI, M. (1988). *Le temps des tribus*. Paris: Meridiens Klincksieck

_____ (1985). *A sombra de Dionísio*. Rio de Janeiro: Graal.

MAISONNEUVE, J. (1973). *La dinamique des groupes*. Paris: PUF.

MALGLAIVE, G. (1990). *Enseigner à des adultes*. Paris: PUF.

MALINOWSKI, B. (1968). *Une theorie scientifique de la culture*. Paris: Maspero.

MARC, E. & PICARD, D. (1984). *L'École de Palo Alto*. Paris: Retz.

MARTINS, G. (1991). *Escola de cidadãos*. Lisboa: Fragmentos.

MEC (2015). *Inovação e criatividade na educação básica* [Disponível em http://simec.mec.gov.br/educriativa/mapa_questionario.php].

MEIRIEU, P. (1988). *Apprendre... Oui, mais comment?* Paris: ESF.

MELLO, R. (2012). *Comunidade de aprendizagem*. São Carlos: Edufscar.

MORIN, E. (1991). *Introdução ao pensamento complexo*. Lisboa: Instituto Piaget.

_____ (1989). *La methode*. T.1. Paris: Seuil.

_____ (1983). *O paradigma perdido*. Lisboa: Europa-América.

_____ (1982). *Ciência com consciência*. Sintra: Europa-América.

MOSCOVICI, S. (1979). *Psycologie des minorites actives*. Paris: PUF.

MOUNIER, E. (1976). *O personalismo*. Lisboa: Moraes.

NEILL, A. (1976). *Liberdade sem medo*. Lisboa: CLB.

NÓVOA, A. (1992). *Vidas de professores*. Porto: Porto Ed.

_____ (1987). *Le temps des professeurs*. Lisboa: Inic.

PACHECO, J. (2018a). *Um compromisso ético*. Lisboa: Mahatma.

_____ (2018b). *Reconfigurar a escola*. São Paulo: Cortez.

_____ (2015). *Escola da Ponte*. São Paulo: Cortez.

_____ (2014a). *Aprender em comunidade*. São Paulo: SM.

_____ (2014b). *Diálogos com a Escola da Ponte*. Petrópolis: Vozes.

_____ (2013). *Dicionário dos Valores*. São Paulo: SM.

_____ (2009). *Pequeno Dicionário dos Absurdos da Educação*. Porto Alegre: Artmed.

_____ (2007a). *Dicionário das Utopias da Educação*. Belo Horizonte: WAK.

_____ (2007b). *Formação e transformação em educação*. Petrópolis: Vozes.

_____ (2006). *Caminhos para a inclusão*. Porto Alegre: Artmed.

_____ (2005). *Para os filhos dos filhos dos nossos filhos*. São Paulo: Papirus.

_____ (2004). *Para Alice, com amor*. São Paulo: Cortez.

_____ (1995). *Círculos de estudo*. Porto: FPCE-UP.

_____ (1993). "Memória e projeto". In: *Correio Pedagógico*, n. 74.

PACHECO, J. & PINHO, J. (1990). *Relação escola-sucesso*. Braga: Anpeb/UM.

PAIN, A. (1990). *Éducation informelle*. Paris: L'Harmattan.

PERRENOUD, P. (2005). *Escola e cidadania*. Porto Alegre: Artmed.

PINEAU, G. (1988). *O método autobiográfico e a formação*. Lisboa: MS.

PIRES, E. (1986). *Lei de Bases do Sistema Educativo*. Porto: ASA.

POSTIC, M. (1979). *Observação e formação de professores*. Coimbra: Almedina.

REBOUL, O. (1984). *La langage de l'éducation*. Paris: PUF.

ROGERS, C. (1986). *Grupos de encontro*. Lisboa: Moraes.

SANTOS, B. (1986). *Oração de sapiência*. Coimbra.

SARMENTO, M. (1992). *A escola e as autonomias*. Porto: ASA.

STENHOUSE, L. (1981). *An introduction to curriculum research and development*. Londres: Heineman.

STOER, S. (1986). *Educação e mudança social*. Porto: Afrontamento.

UNESCO (1980). *O educador e a abordagem sistémica*. Lisboa: Estampa.

VALLGARDA, H. (1986). *Para uma pedagogia participativa*. Braga: UM.

VYGOTSKY, L. (2001). *Psicologia pedagógica*. São Paulo: Martins Fontes.

_____ (1999). *A formação social da mente*. São Paulo: Martins Fontes.

WATZLAWICK, P. (1984). *La langage du changement*. Paris: Du Seuil.

Anexo

Glossário de novas construções sociais de aprendizagem

A linguagem produz e reproduz cultura. E àquilo que é novo não se deverá aplicar raciocínios dedutivos. Uma nova educação deverá ser acompanhada de uma nova nomenclatura, pelo que se recomenda a utilização de um glossário. Ei-lo, receptivo a novas contribuições

Na lógica da ensinagem é utilizado o termo *pedagogia*, em referência à *paidós* grega, a criança conduzida pelo pedagogo, e a palavra *andragogia* é usada no contexto da educação de adultos. Reflexo de uma racionalidade cartesiana, a segmentação da educação em grupos etários, ou designações específicas – educação formal, educação informal, educação do campo, educação em alternância, educação especial, educação ambiental, educação para a paz, educação democrática, educação para a cidadania, educação sociomoral, educação popular... – tende a ignorar que a educação é una e múltipla, e que a aprendizagem acontece desde o pré-natal até à morte.

Na lógica da aprendizagem, a pessoa (criança, jovem, adulto), sujeito aprendente (o ser humano, o *anthropos*), em autotransformação-com-outros, produz e partilha conhecimento. Poderemos recorrer ao termo Antropogogia para designar a ciência e a arte da aprendizagem.

Arquitetura sustentável: concepção de projeto que visa otimizar recursos de modo que a edificação produza o mínimo impacto socioambiental.

Avaliação formativa: também referida como processual ou de desenvolvimento, ocorre ao longo do processo de aprendizagem. Concomitante com a aprendizagem, a avaliação formativa informa o mediador de aprendizagem do alcance dos objetivos almejados e permite efetuar ajustes no processo.

Boa qualidade de educação: será aquela que garanta o pleno acesso e o sucesso de todos os alunos e que assegure a todos uma educação integral, contribuição para uma boa qualidade de vida.

Carta de princípios: enunciado dos princípios basilares de uma organização.

Ciclo de transformação: cada uma das três etapas de transformação: iniciação (aprender a conceber e a desenvolver projetos de mudança); transição (aprender o "como" da reconfiguração da prática escolar e o "como" da criação de um protótipo de comunidade de aprendizagem); aprofundamento (aprender a aprender em comunidade e a desenvolver novas construções sociais de aprendizagem).

Cidade educadora: é a consideração da cidade como território educativo, no qual, em diferentes espaços e tempos, agentes educativos assumem uma intencionalidade educativa, garantindo a perenidade de processos de aprendizagem para além da escola.

Cocriar: é o criar juntamente com outrem. No campo da educação poderá ser entendido como ato de produção de conhecimento em comum e em comum partilhado.

Comunidade: com origem no latim *communitas*, traduz o ato de muitos formando uma unidade. Em 1887, Tonnies introduz o dualismo sociedade (*Gemeinschaft*) / comunidade (*Gessellschaft*) no discurso científico contemporâneo, reagindo contra a concepção mecanicista de sociedade, então predominante, fazendo corresponder ao conceito de sociedade uma vontade refletida, com origem no arbítrio dos seus membros, enquanto comunidade corresponderia a uma vontade que ele reputa como *essencial* ou orgânica, um tipo de associação baseada em imperativos profundos do ser.

Comunidade de aprendizagem: práxis comunitária assente em um modelo educacional gerador de desenvolvimento sustentável. Pode assumir a forma de rede social física ou de rede virtual. Nas palavras de Lauro de Oliveira Lima, são divisões celulares da macroestrutura em microestruturas federalizadas num conjunto maior, mais complexas, que facilitam o encontro entre pessoas, espaços-tempos de preservação da unidade da pessoa, em lugar de dividir a pessoa para assegurar a unidade da sociedade.

Cuidador (tutor): pessoa que assume o compromisso ético do cuidado e acompanha processos de aprendizagem, propicia meios de transformação da informação em conhecimento, participa da construção de projetos e da avaliação das aprendizagens, e aprende com sujeitos aprendizes. Lawrence Stenhouse dizia que todo professor deveria assumir o papel de aprendiz...

Currículo: caminho, conjunto de experiências de um sujeito; entre elas, as educacionais (formação) e as vivenciais. Rompendo com a concepção reducionista de currículo enquanto mero plano de estudos, ou programa predeterminado, estruturado em objetivos, conteúdos e atividades organizadas em torno de disciplinas, destinados a anos de escolaridade ou a ciclos de estudos, numa sequência linear, são criadas situações de produção de currículo. E nesse contexto o educador também atua como pesquisador, produtor do próprio currículo.

Currículo de comunidade: consiste numa determinação dialógica de necessidades sociais e na criação de múltiplas oportunidades de aprender com pessoas dotadas de potencial educativo, em espaços que a comunidade oferece.

Currículo de subjetividade: projeto de vida com origem em necessidades, desejos, sonhos pessoais; caminho de desenvolvimento de talentos.

Currículo universal: conjunto de aprendizagens essenciais, comuns a todas as comunidades e povos, reflexo da conscientização de necessidades planetárias.

Desenvolvimento sustentável: teia defensora de nossa vida, projetada considerando a natureza. Pressupõe que o crescimento (ou uma humanização com referência a um "decrescimento") benfazejo deve ser baseado em energias renováveis, favorecer a comunidade local, ser crescimento qualitativo.

***Design* de sistemas sustentáveis:** conceito que pressupõe "envolvimento", pois envolve soluções sistêmicas integrando as dimensões social, cultural, econômica e ecológica, com o objetivo de promover sustentabilidade na micro e na macroescala, isto é: uma boa qualidade de vida.

Dispositivos pedagógicos: estratégias e materiais a que se pode recorrer na prática educativa, concebidos criticamente e elaborados como propostas educativas adequadas às características socioculturais identificadas pelos professores como estando presentes no grupo de alunos com que trabalham.

Educação integral: é a educação que contempla a multidimensionalidade do ser humano, isto é, a dimensão cognitiva, mas também a afetiva, a emocional, a ética, a estética, a sociomoral, a físico-motora, a espiritual, entre outras.

Educador: sendo a educação considerada como ato ou efeito de educar, de aperfeiçoar habilidades, competências, o educador será o ser humano que ajuda outro ser humano a educar-se (*educare*).

Escolas: são pessoas que aprendem umas com as outras, mediadas pelo mundo (escolas não são edifícios). As pessoas aprendem na intersubjetividade, mediatizada pelo objeto de estudo e pelo mundo. E, implícita ou explicitamente, as pessoas são os seus valores. Estes, quando transmutados em princípios de ação, geram projetos produtores de conhecimento e de reelaboração cultural.

Escolas em transição: pessoas, que, em espaços de aprendizagem, dentro e fora de um edifício-escola, empreendem caminhos de reelaboração da cultura pessoal e pessoal-profissional.

Escolas sustentáveis: são pessoas que aprendem no contexto de uma organização social dotada de autonomia pedagógica, administrativa e financeira.

Espaço de aprendizagem: todo e qualquer lugar com potencial educativo.

Gaia escola: modalidade de transformação vivencial que assume as quatro dimensões da sustentabilidade (social, cultural, econômica e ecológica) para gerar projetos de mudança a partir das escolas.

Indicadores de mudança: sinais de transformação pessoal e social, evidências de aprendizagem, indícios da criação de novas construções sociais de aprendizagem.

Inovação: aquilo que é novo, possui valor e a capacidade de se renovar/reinventar no decorrer do tempo, e em permanente fase instituinte. O termo "inovação" tem origem etimológica no latim *innovatio*. Refere-se a ideias, métodos ou objetos criados não semelhantes a ideias, métodos ou objetos conotados com padrões anteriores. Os mais variados dicionários nos dizem que "inovação" é ação ou ato que modifica antigos costumes, manias, legislações, processos... Isto é, ação ou ato renovador de algo, ou de alguém. Significa a abertura de novos caminhos, a descoberta de estratégias diferentes daquelas que habitualmente utilizamos. Pressupõe invenção, criação de algo inédito. Em suma: inovação é efetivamente algo novo que, em princípio, contribui para a melhoria de algo ou de alguém; que pode ser replicado, por exemplo, a partir da criação de protótipos.

Matriz axiológica de um projeto: conjunto de valores partilhados pelos membros do núcleo de projeto.

Novas construções sociais de aprendizagem: sistemas sociais de aprendizagem plurais e diversos, alternativas ao modelo de escola da Modernidade, constructos auto-organizados e desenvolvidos numa cultura específica.

Núcleo de projeto: equipe responsável pela criação de uma célula de uma comunidade de aprendizagem.

Oficina: modalidade de formação, que consagra o princípio (tão caro em Dewey) de que se aprende a fazer fazendo. Ou que consagra o freireano dito: ensinar não é transferir conhecimento, mas criar as possibilidades para a sua própria produção ou a sua construção. É tempo e espaço de formação e transformação coletiva, prática da dialética e da dialogicidade freireanas. Dinâmica democrática, participativa e reflexiva, sintetiza teoria e prática, configura espaços de construção coletiva do conhecimento e troca de experiências.

Oficinas são unidades produtivas de conhecimentos a partir de uma realidade concreta, para serem transferidas a essa realidade a fim de transformá-la (Kisnerman). Ou, no dizer de Ander-Egg, um âmbito de reflexão e ação no qual se pretende superar a separação que existe entre a teoria e a prática, entre conhecimento e trabalho e entre a educação e a vida.

As oficinas contribuem para viabilizar processos formativos, nos quais o ser humano se assume como ser capaz de assumir-se como sujeito de sua história e da História, como agente de transformação de si e do mundo e como fonte de criação, liberdade e construção dos projetos pessoais e sociais, numa dada sociedade, por uma prática crítica, criativa e participativa (Graciani).

Pensamento sistêmico: baseado na interdependência dos sistemas vivos que incluem as sociedades urbanas e os ecossistemas, objetiva um conjunto de sistemas interconectados ("todo integrado"), ao invés de uma coleção de partes dissociadas.

Permacultura: cultura que engloba métodos holísticos para planejar, atualizar e manter sistemas de escala humana, ambientes sustentáveis, socialmente justos e financeiramente viáveis. Filosofia de trabalhar com, e não contra a natureza.

Práxis: prática fundamentada na lei e em critérios de natureza científico-pedagógica, no reconhecimento de que a construção do conhecimento é um processo eminentemente social e interativo.

Projeto: processo dinâmico que perfila uma ideia de futuro, potencializa recursos existentes e promove desenvolvimento pessoal e social.

Rede: padrão básico de organização de todos os sistemas. No contexto das relações humanas é a configuração de laços sociais entre pessoas.

Sistema restaurativo: é um dispositivo com a finalidade de transformar os conflitos de uma comunidade em recursos. Tem como base a escuta profunda e processos fundamentalmente colaborativos, nos quais todos os envolvidos com o conflito têm oportunidade de ouvir e falar sem alimentar disputa e sem incentivar julgamentos moralizadores.

Sociocracia: sistema de governança no qual as decisões são tomadas por consentimento, considerando-se a opinião dos indivíduos. Tem como princípio fundamental as teorias sistêmicas de inteligência coletiva.

Sujeito aprendente: todo mundo envolvido em processos de aprendizagem.

Sustentabilidade: relação equilibrada com o ambiente em sua totalidade, considerando que todos os elementos afetam e são afetados reciprocamente pela ação humana, característica de um sistema que permite a sua permanência; a capacidade de o ser humano interagir com o mundo preservando o meio ambiente.

Território educativo: um espaço-lugar que atende a quatro requisitos: possui um projeto educativo criado pelas pessoas daquele espaço; agrega escolas que reconhecem seu papel transformador e que entendem a cidade como espaço de aprendizado; multiplica as oportunidades educativas para todas as idades; articula diferentes setores – educação, saúde, cultura etc. – em prol do desenvolvimento local e dos indivíduos. Enquanto local de prática e experiência, o território contempla uma série de saberes que não podem ser desconsiderados pelos espaços educativos em nome da tradição do saber escolar-científico.

Tertúlia: é uma reunião de pessoas íntimas em torno de um mesmo objetivo; frequentemente, com uma conotação artística e didática. Apresenta-se como espaço para criação e discussão filosófica e possui elevado potencial de desenvolvimento de senso crítico. São comuns aquelas dedicadas a discussões literárias, versão menor de uma arcádia literária.

Trabalho de projeto: metodologia ou abordagem pedagógica centrada em problemas, necessidades, desejos, sonhos de aprendizes.

Transformação vivencial: modalidade de formação propiciadora de reelaboração da cultura pessoal e profissional-social dos educadores, assentada em três princípios: o educador não pode ser considerado objeto de formação, mas sujeito em transformação, no contexto de uma equipe com projeto; toda a formação é isomórfica, isto é, o modo como o professor aprende é o modo como o professor ensina; a teoria raramente antecede a prática e por ela é reclamada perante o reconhecimento de dificuldades de ensinagem.

Valores: conjunto de características de uma pessoa ou organização que determinam a forma como a pessoa ou a organização se comportam e interagem com outros indivíduos e com o meio ambiente.

LEIA TAMBÉM:

A educação pode mudar a sociedade?

Michael W. Apple

Apesar das grandes diferenças políticas e ideológicas em relação ao papel da educação na produção da desigualdade, há um elemento comum partilhado tanto por professores quanto por liberais: A educação pode e deve fazer algo pela sociedade, restaurar o que está sendo perdido ou alterar radicalmente o que existe?

A questão foi colocada de forma mais sucinta pelo educador radical George Counts em 1932, quando perguntou: "A escola ousaria construir uma nova ordem social?", desafiando gerações inteiras de educadores a participar, ou, de fato, a liderar a reconstrução da sociedade.

Mais de 70 anos depois, o celebrado educador, autor e ativista Michael Apple revisita os trabalhos icônicos de Counts, compara-os às vozes igualmente poderosas de pessoas minorizadas, e, mais uma vez, faz a pergunta aparentemente simples: se a educação realmente tem o poder de mudar a sociedade.

Michael W. Apple é Professor *John Bascom* de Currículo e Instrução e Estudos de Política Educacional na University of Wisconsin, Madison, EUA.

Currículo, território em disputa

Miguel Arroyo

O que acontece nas salas de aula? Sobram análises negativas. Esse livro destaca e reflete sobre tanta criatividade de professores(as) e sobre tantas disputas positivas por outro fazer docente e por outros conhecimentos e didáticas, pela construção de um outro currículo na prática.

Um livro sobre currículo e sobre o fazer-se e formar-se do magistério da educação básica, ou sobre o currículo como território-fronteira de trabalho e de avanços na formação de autonomias, de culturas e de identidades profissionais; sobre que conhecimentos ensinar-aprender.

Que significados positivos destacar? O trabalho nas salas de aula, a criatividade docente-educadora são o referente primeiro para entender-nos e para repensar os currículos; para redefinir políticas, diretrizes e projetos de reorientação curricular.

O que destacar de tanta criatividade que acontece nas salas de aula e nos currículos? Está em disputa abrir o lugar para a história da docência, para os saberes do trabalho, para a emergência dos sujeitos, especialmente da infância, adolescência e juventude na sociedade e na escola. Está em disputa político-pedagógica abrir espaço nas salas de aula e nos currículos para o direito a nos autoconhecer e os educandos conhecerem sua própria história.

Abrir espaço para as memórias e as vivências do tempo, do espaço e das lutas por direitos e por um digno e justo viver. Saberes que disputam nossa docência e o território dos currículos.

Miguel Arroyo é doutor em Educação pela Stanford University e pós-doutor pela Universidade Complutense de Madri. Professor titular emérito da Faculdade de Educação da UFMG. *Doutor honoris causa* da Universidade Federal Fluminense. Foi secretário-adjunto de Educação da Prefeitura de Belo Horizonte. Publicou pela Editora Vozes os livros: *Ofício de mestre: imagens e autoimagens* (2000); *Imagens quebradas: Trajetórias e tempos de alunos e mestres* (2004); *Currículo, território em disputa* (2011); *Outros sujeitos, outras pedagogias* (2012). Organizador de *Da Escola carente à escola possível* (Loyola, 1986); Coorganizador de *Corpo-infância: exercícios tensos de ser criança – Por outras pedagogias dos corpos* (Vozes, 2012) e *Trabalho-infância: exercícios tensos de ser criança – Haverá espaço na agenda pedagógica?* (Vozes, 2015).

Métodos de pesquisa para a pedagogia

Melanie Nind, Alicia Curtin e Kathy Hall

Essa obra pertence, em sua edição original, a uma série chamada *Métodos de pesquisa para a educação*, cujo intuito é fornecer livros que sejam úteis aos pesquisadores que desejam pensar sobre métodos de pesquisa no contexto de sua área, de seu problema de pesquisa ou de seus objetivos de pesquisa.

Embora os pesquisadores possam utilizar qualquer manual de métodos para ideias e inspiração, têm de arcar com o ônus de aplicar uma parte dos métodos de pesquisa das ciências sociais à educação em particular, ou os métodos de pesquisa da educação a uma dimensão particular da educação (pedagogia, escolas, a dimensão digital, aprendizado profissional, para nomear alguns exemplos). Essa aplicação de ideias não está distante de nós e levou a muitas pesquisas e também ao desenvolvimento de metodologias.

Esse livro, contudo, é mais direcionado, tornando-o um bom ponto de partida para estudantes, pesquisadores ou alguém que deseja formular uma proposta de pesquisa. Ele reúne várias possibilidades, por vezes interconectadas e diversas, para investigar contextos, setores, problemas ou fenômenos da educação. Assim, você encontrará prontamente uma discussão sobre os métodos relacionados àquela parte da pesquisa em educação pela qual se interessa; mas, além disso, encontrará métodos e abordagens menos óbvias e mais inovadoras.

Melanie Nind: Ph.D., professora de Educação, Universidade de Southampton, Reino Unido, tem uma longa história de ensino e pesquisa focada no interativo, no inclusivo e no pedagógico. Atualmente, investiga as pedagogias aplicadas em cursos de curta duração sobre métodos de pesquisa em ciências sociais avançadas. Este trabalho é parte de um programa de pesquisa pedagógica do National Centre for Research Methods (Centro Nacional de Métodos de Pesquisa), onde Melanie é codiretora. Ela coedita a *International Journal of Research & Method in Education* e é diretora do Centre for Research in Inclusion (Centro para a Pesquisa em Inclusão) na Southampton Education School.

Alicia Curtin: Ph.D., professora na University College Cork, Irlanda, conduz pesquisa empregando a teoria sociocultural para explorar temas altamente relevantes à educação e à aprendizagem. Esses incluem literacias de adolescentes na e fora da escola; língua e identidade e perspectivas neurocientíficas em literacia e aprendizado. Seu *design* de pesquisa mais recente (com Kathy Hall) investiga o aprendizado no ambiente de trabalho profissional de professores experientes.

Kathy Hall: Ph.D., professora de Educação e diretora da University College Cork, Irlanda, é uma experiente professora escolar, pesquisadora, professora universitária e autora com interesse consolidado em pedagogia no sentido mais amplo. Suas recentes publicações incluem *Networks of mind: learning, culture, neuroscience* (Redes da mente: aprendizado, cultura, neurociência), de 2013, com Curtin e Rutherford.

CULTURAL

Administração
Antropologia
Biografias
Comunicação
Dinâmicas e Jogos
Ecologia e Meio Ambiente
Educação e Pedagogia
Filosofia
História
Letras e Literatura
Obras de referência
Política
Psicologia
Saúde e Nutrição
Serviço Social e Trabalho
Sociologia

CATEQUÉTICO PASTORAL

Catequese
Geral
Crisma
Primeira Eucaristia

Pastoral
Geral
Sacramental
Familiar
Social
Ensino Religioso Escolar

TEOLÓGICO ESPIRITUAL

Biografias
Devocionários
Espiritualidade e Mística
Espiritualidade Mariana
Franciscanismo
Autoconhecimento
Liturgia
Obras de referência
Sagrada Escritura e Livros Apócrifos

Teologia
Bíblica
Histórica
Prática
Sistemática

VOZES NOBILIS

Uma linha editorial especial, com importantes autores, alto valor agregado e qualidade superior.

REVISTAS

Concilium
Estudos Bíblicos
Grande Sinal
REB (Revista Eclesiástica Brasileira)

VOZES DE BOLSO

Obras clássicas de Ciências Humanas em formato de bolso.

PRODUTOS SAZONAIS

Folhinha do Sagrado Coração de Jesus
Calendário de mesa do Sagrado Coração de Jesus
Agenda do Sagrado Coração de Jesus
Almanaque Santo Antônio
Agendinha
Diário Vozes
Meditações para o dia a dia
Encontro diário com Deus
Guia Litúrgico

CADASTRE-SE
www.vozes.com.br

EDITORA VOZES LTDA.
Rua Frei Luís, 100 – Centro – Cep 25689-900 – Petrópolis, RJ
Tel.: (24) 2233-9000 – Fax: (24) 2231-4676 – E-mail: vendas@vozes.com.br

UNIDADES NO BRASIL: Belo Horizonte, MG – Brasília, DF – Campinas, SP – Cuiabá, MT
Curitiba, PR – Fortaleza, CE – Goiânia, GO – Juiz de Fora, MG
Manaus, AM – Petrópolis, RJ – Porto Alegre, RS – Recife, PE – Rio de Janeiro, RJ
Salvador, BA – São Paulo, SP